L'ART DU CHANT,

DEDIÉ

A MADAME

DE POMPADOUR

Par M. BERARD.

A PARIS,

Chez
- DESSAINT & SAILLANT, rue S. Jean-de-Beauvais.
- PRAULT, Fils, Quai de Conti.
- LAMBERT, à côté de la Comédie Françoise.
- Et aux Adresses Ordinaires pour la Musique.

M. DCC. LV.
Avec Approbation & Privilége du Roi.

L'Art du Chant
Jean Antoine Berard
(facsimile 1755)

Titles published by Travis & Emery (more inside back cover):
Bathe, William: A Briefe Introduction to the Skill of Song
Bax, Arnold: Symphony #5, Arranged for Piano for Four Hands by Walter Emery
Burney, Charles: An Account of the Musical Performances in Westminster-Abbey
Burney, Charles: The Present State of Music in France and Italy
Burney, Charles: The Present State of Music in Germany, The Netherlands ...
Crimp, Bryan: Solo: The Biography of Solomon
Crimp, Bryan: Dear Mr. Rosenthal ... Dear Mr. Gaisberg ...
Geminiani, Francesco: The Art of Playing on the Violin 1751
Hawkins, John: A General History of the Science and Practice of Music (5 vols.)
Herbert-Caesari, Edgar: The Science and Sensations of Vocal Tone
Herbert-Caesari, Edgar: Vocal Truth
Hunt, John: Her Master's Voice: Concert Register & Discography: Elisabeth Schwarzkopf
Hunt, John: Hans Knappertsbusch: Concert Register and Discography. Second Edition.
Hunt, John: Philips Minigroove: Second Extended Version of the European Discography.
Hunt, John: American Classics: Discographies: Leonard Bernstein & Eugene Ormandy.
Hunt, John: Dirigenten der DDR: Conductors of the German Democratic Republic.
    and many more of his discographies
Mainwaring, John: Memoirs of the Life of the Late George Frederic Handel
Malcolm, Alexander: A Treaty of Music: Speculative, Practical and Historical
May, Florence: The Life of Brahms (2nd edition)
Mellers, Wilfrid: Angels of the Night: Popular Female Singers of Our Time
Mellers, Wilfrid: Bach and the Dance of God
Mellers, Wilfrid: Beethoven and the Voice of God
Mellers, Wilfrid: Caliban Reborn - Renewal in Twentieth Century Music
Mellers, Wilfrid: Darker Shade of Pale, a Backdrop to BobDylan
Mellers, Wilfrid: François Couperin and the French Classical Tradition
Mellers, Wilfrid: Le Jardin Retrouvé, The Music of Frederic Mompou
Mellers, Wilfrid: Romanticism and the Twentieth Century (from 1800)
Mellers, Wilfrid: The Masks of Orpheus: ...... the Story of European Music.
Mellers, Wilfrid: The Sonata Principle (from c. 1750)
Mellers, Wilfrid: Vaughan Williams and the Vision of Albion.
    and many more.
Playford, John: An Introduction to the Skill of Musick.
Purcell, Henry et al: Harmonia Sacra ... The First Book, [1726]
Purcell, Henry et al: Harmonia Sacra ... Book II [1726]
Rastall, Richard: The Notation of Western Music.
Simpson, Christopher: A Compendium of Practical Musick in Five Parts
Spohr, Louis: Autobiography
Tans'ur, William: A New Musical Grammar; or The Harmonical Spectator
Tosi, Pier Francesco: Observations on the Florid Song.
Van der Straeten, Edmund: History of the Violoncello, The Viol da Gamba ...
Zwirn, Gerald: Stranded Stories From The Operas

Travis & Emery Music Bookshop
17 Cecil Court, London, WC2N 4EZ, United Kingdom.
(+44) 20 7240 2129

L'ART DU CHANT,

DEDIÉ A MADAME DE POMPADOUR

Par M. BERARD.

A PARIS,

Chez { DESSAINT & SAILLANT, rue S. Jean-de-Beauvais.
PRAULT, Fils, Quai de Conti.
LAMBERT, à côté de la Comédie Françoife.
Et aux Adreffes Ordinaires pour la Mufique.

M. DCC. LV.

Avec Approbation & Privilége du Roi.

A MADAME DE POMPADOUR.

M<small>ADAME</small>,

L<small>E</small> premier Ouvrage qui ait été fait sur l'Art du Chant, vous appartient à tant de titres, que je crains bien de n'avoir aucun mérite à vous l'offrir : la protection déclarée que vous accordez à tous les Arts, suffiroit pour engager tous ceux qui s'y appliquent, à vous consacrer le fruit de leurs travaux; mais vous avez un droit plus légitime encore sur l'Ouvrage que j'ai l'honneur de vous présenter : il a pour but principal, de perfectionner le Chant François; à qui pourrois-je mieux adresser ces réflexions qu'à vous, MADAME, qui excellez dans ce Genre ; permettez-moi de déclarer ici, que j'ai eu le bonheur de vous entendre, mon éloge ne peut rien ajouter à votre gloire ; mais le Public adoptera avec confiance mes idées, sur les graces du Chant, lorsqu'il sçaura que je les ai formées sur leur plus parfait modéle.

Je suis avec un profond respect,

MADAME,

Votre très-humble & très-obéissant Serviteur,
BERARD.

APPROBATION.

J'Ai lû par ordre de Monseigneur le Chancelier un Manuscrit intitulé l'*Art du Chant*, & je n'y ai rien trouvé qui doive en empêcher l'impression, à Versailles le 22 Janvier 1755.

DEMONCRIF.

EXTRAIT DU PRIVILEGE DU ROI.

LOUIS, par la grace de Dieu, Roi de France & de Navarre : A nos amez & feaux Conseillers les Gens tenans nos Cours de Parlement, Maîtres des Requêtes ordinaires de notre Hôtel, &c. SALUT, Notre bien amé JEAN-ANTOINE BERARD, Nous a fait exposer qu'il desireroit faire imprimer & donner au Public un Livre qui a pour titre, *L'Art du Chant*. S'il nous plaisoit lui accorder nos Lettres de Privilege pour ce nécessaires. A CES CAUSES, voulant favorablement traiter ledit Exposant, Nous lui avons permis & permettons par ces Présentes, de faire réimprimer ledit Livre pendant le tems de dix années consécutives, à compter du jour de la datte desdites Présentes ; Faisons défenses à tous Libraires & Imprimeurs d'en introduire d'impression étrangere, &c. Que l'impression dudit Livre sera faite dans notre Royaume, &c. Que l'Impétrant se conformera en tout aux Reglemens de la Librairie, &c. Qu'avant de les exposer en vente, le Manufcrit qui aura fervi de copie à l'impreſſion dudit Livre, fera remis dans le même état ou l'Approbation y aura été donnée ès mains de notre très-cher & feal Chevalier le ſieur de la Moignon, Chancelier de France, & un dans celle de notre très-cher & féal Chevalier Garde des Sceaux de France le Sieur de Machault, Commandeur de nos Ordres, &c. & qu'il en fera remis deux exemplaires dans notre Bibliotheque publique, &c. Du contenu defquelles vous mandons & enjoignons de faire jouir ledit Expofant, &c. Commandons au premier notre Huiſſier ou Sergent fur ce requis de faire pour l'exécution d'icelles tous Actes, &c. Donné à Verſailles le 17 Février 1755. & de notre regne le 40. Par le Roi en ſon Conſeil,

SAINSON.

Regiſtré ſur le Regiſtre 28 de la Communauté des Libraires & Imprimeurs de Paris, N. 95. fol. 76. conformément aux anciens Reglémens confirmés par celui du 28 Février 1723. A Paris, le 20 Février 1755. DIDOT *Syndic.*

PRÉFACE.

IL paroîtra sans doute étonnant qu'à Athènes & à Rome, où le talent du Chant étoit excité par les plus puissans motifs, & où il s'étoit élevé à une singuliere perfection, on ne se soit point avisé de traiter de cet Art : (1) on regardera peut-être comme peu vraisemblable, que dans l'Europe Moderne, où le Chant tient aux plaisirs de la societé, dont il est un des principaux liens ; où après avoir fait de grands progrès, il se voit constamment encouragé par les applaudissemens du Public, & favorisé de la protection des Rois, on n'ait point écrit sur cette

(1) Les Auteurs Grecs & Latins ne font mention d'aucun Ouvrage en ce genre.

PRÉFACE.

matiere; surtout dans un siécle où il paroît chaque jour des Traités sur la théorie de la Musique, sur la science de l'Harmonie & sur le méchanisme des Instrumens. Ne semble-t'il pas qu'il fût de la destinée d'un des Arts les plus séduisans, de ne se conserver que par une tradition orale, sorte de tradition très-imparfaite, puisqu'elle transmet rarement à la posterité la méthode des grands Maîtres, & les observations des Amateurs éclairés: les réflexions des uns & des autres n'auroient pas peu contribué à lui faire franchir l'espace par où il est séparé du dernier période de sa perfection, espace peut-être aussi considerable que celui qu'il a parcouru jusqu'à present.

Le desir de hâter les progrès du

PRÉFACE.

Chant, m'engagea à former sur cet Art le projet d'un Ouvrage, dont je sentis dès le commencement toutes les difficultés : je compris qu'un pareil Traité étoit moins à faire qu'à créer : je sçavois que le pays des Découvertes est immense à la vérité, mais que chaque pas qu'on y fait, est pénible & perilleux ; que l'on est heureux de marcher dans des sentiers où l'on peut profiter des erreurs de ceux qui nous y ont précedés : je sçavois qu'il est aisé à des Ecrivains posterieurs de surpasser leurs modeles : outre qu'ils ont les idées de ces derniers, ils ont de plus leurs propres réflexions ; plusieurs esprits doivent naturellement plus penser qu'un seul. Je prévis combien il en devoit couter de saisir le vrai parmi une foule de

PRÉFACE.

principes, qui ayant leurs racines dans la Nature, devroient toujours être les mêmes, & qui cependant ne sont que trop souvent contradictoires entre les mains des différens Maîtres. Je ne me déguisai point le danger qu'il y a, que les premiers livres que l'on fait sur un Art, ne soient marqués au coin de la rudesse & de l'imperfection : le soin de créer nuit à celui de polir : d'ailleurs il est bien difficile qu'on embrasse toute l'étendue de sa matiere, qu'on n'omette point de détail & d'observations nécessaires ; les excellentes productions en ce genre, sont le fruit des siécles. A la vûe des obstacles multipliés, je redoublai mes efforts. Je vais rendre compte de mon travail en Artiste, c'est-à-dire, en homme bien plus occupé des choses,

PRÉFACE.

que de la maniere de les dire. Je me suis d'abord attaché à embrasser d'une seule idée systématique, toutes les branches de mon sujet, persuadé que tout bon ouvrage n'est qu'une pensée bien développée, & que cette même pensée décomposée, en donne naturellement les divisions & le plan : il m'a semblé qu'on pouvoit aisément réduire l'Art du Chant à celui de faire mouvoir à propos les organes de la Voix & ceux de la Prononciation : Ce principe contient en lui-même tout ce qui a rapport au Chant simple & au Chant composé : le premier n'est qu'un assemblage de sons graves & aigus de la Voix heureusement combinés : le second est l'application du Chant simple à certaines modifications de cette même Voix, je veux dire aux paroles.

PRÉFACE.

Comme je me proposois d'envisager le Chant jusques dans ses élémens, j'ai d'abord fait un cours d'Anatomie, rélativement à mon Art: j'ai ensuite osé porter l'analyse dans tous les organes de nos Sons : j'ai mesuré l'étendue, j'ai examiné la figure de chaque partie, & l'enchaînement du tout ensemble ; j'ai calculé les mouvemens particuliers propres aux divers organes, & le mouvement géneral de tout l'instrument de la Voix. J'ai remonté jusqu'à la source de cette derniere, j'en ai dérivé toutes les especes de Sons : j'ai imaginé des moyens de suppléer au défaut de capacité des poumons, de corriger les vices du principal organe de la voix, d'augmenter ou de diminuer son ressort au gré des Chanteurs, & de leur enseigner l'Art de

PRÉFACE.

phraser tout d'une haleine & avec aisance, quatre fois, six fois, plus long-tems qu'à l'ordinaire.

Il ne convenoit point de borner là mes Observations: aussi ai-je considéré la prononciation comme principe d'imitation & d'harmonie dans le Chant: j'ai fait voir qu'elle étoit très-propre à peindre aux oreilles & à l'ame, tous les bruits & les divers sentimens. Le soin de peindre par la prononciation, ne doit point nuire aux égards qu'on doit avoir pour l'harmonie de notre langue: aussi ai-je arrêté mes réflexions sur la nature de celles-ci, & sur certaines lettres qui entrent dans la composition de nos mots: ces réflexions n'ont point été stériles: j'en ai vu naître plusieurs regles particulieres, qui sont la source

PRÉFACE.

de bien des agrémens : je me suis appliqué à démêler avec soin les différences qu'il y a entre la Prononciation & l'Articulation, différences qu'on n'avoit point assez distinguées : j'ai donné pour l'une & pour l'autre des régles dont on pourra, avec de grandes restrictions, transporter l'usage à la déclamation de la Chaire, à celle du Bareau & à celle du Théatre.

On doit dans les méthodes qu'on se prescrit, imiter la Nature, dont les dernieres opérations sont toujours plus composées que les premieres : c'est pourquoi j'ai tâché de m'élever à des considérations plus profondes que les précédentes ; j'ai mis tous mes soins à saisir la nature de la paresse & du faux de l'oreille, & à découvrir les moyens

PRÉFACE.

de corriger ces défauts : j'ai établi des principes pour l'usage des Sons en général, & des agrémens en particulier : j'ai osé assigner le premier, le nombre de ceux-ci, les définir, en analiser la génération, & inventer des signes pour les représenter.

Comme cet Ouvrage tient de bien près à certaine partie de l'Anatomie & de la Physique, a bien des réflexions sur la Nature de la Langue Françoise, & à plusieurs principes de Métaphysique ; il n'étoit pas possible que je prisse trop de précautions pour répandre du jour sur des matieres aussi abstraites : il m'a donc fallu généraliser mes idées, en indiquer l'étendue, donner à mes pensées une progression convenable, en passant des choses les plus simples aux

PRÉFACE.

plus composées : je ne propose à chaque instant au Lecteur qu'un pas à faire : j'ai voulu qu'il s'apperçût de ses progrès, non par ses efforts, mais par l'espace qu'il laisseroit derriere lui. J'ai apporté beaucoup d'attention à former heureusement une chaîne qui liât naturellement & sans effort toutes les Parties & tous les Chapitres les uns aux autres : j'ai donné plus ou moins de développement à ces derniers, je les ai traités avec plus ou moins de soin, selon les degrés de leur importance : enfin, je me suis efforcé de donner au tout ensemble, ces exactes proportions qui décident le mérite des Ouvrages vraiment didactiques.

Afin que des esprits critiques, effrayés de mes analyses des Sons & de leur gé-

PRÉFACE.

nération, ne m'accusent point d'avoir rendu par mes regles, le Chant plus difficile qu'il ne l'étoit avant elles; il n'est pas hors de propos d'avertir que ces analyses ne sont pas faites pour les excellens Chanteurs; qu'on n'y doit recourir que pour les Sons qu'on ne rend pas avec succès, & que l'habitude d'observer mes regles, les rendra aisées.

Si le succès couronnoit mes efforts, j'oserois espérer que mes principes bien approfondis seroient d'un grand secours dans la Pratique pour tous les gens à talent, & pour tous les Amateurs François : j'oserois encore espérer que comme j'ai consideré le Chant dans ses organes, dans ses élemens & dans son essence, l'utilité de cet Ouvrage pourroit s'étendre à toute l'Europe & à

PRÉFACE.

tout l'Univers qui chante. Comme il est naturel à tous les Auteurs de s'exagérer à eux-mêmes les avantages de leur travail, c'est au Public d'être leur Juge: aussi n'y a-t'il que son suffrage qui puisse décider le succès de mes Observations.

L'ART DU CHANT.

DIVISION DE L'OUVRAGE.

JE parlerai dans la premiere Partie de ce Traité, de la Voix confiderée par rapport au Chant ; la Prononciation & l'Articulation envifagées eu égard au Chant, feront le fujet de la feconde Partie ; la troifiéme aura pour objet la perfection du Chant.

PREMIERE PARTIE.

La Voix considerée par rapport au Chant.

CHAPITRE PREMIER.

Combien il est essentiel de connoître les Organes & la méchanique de la Voix.

LES avantages qui résultent de la connoissance de la Voix, & l'étude profonde qu'en faisoient les Anciens, prouvent qu'on ne sçauroit trop s'attacher à les connoître.

Un Chanteur qui aura fait de profondes recherches sur le méchanisme de la Voix, aura une grande facilité à former des Sons graves ou aigus. Il commandera en quelque sorte à ses Organes, il en hâtera, ou en retardera le jeu, selon son bon plaisir; il en tirera des Sons forts, énergiques & moëlleux, ou bien des Sons tendres, légers & manierés.

La connoissance de la méchanique de la Voix est nécessaire à tout le monde; mais elle l'est sur-tout à un Maître de Chant : Il ne doit pas seulement étudier ses Organes; mais encore ceux de ses Ecoliers : s'il vient à bout de les connoître, il ne mettra dans leur bouche, que des Sons analogues à leurs Organes : il ne pliera point leur Voix à la sienne, mais il pliera la sienne à la leur, & il réussira à créer une Voix aux sujets les plus ineptes. Une longue & heureuse expérience m'a appris qu'il n'y a point de perfonne fi mal organifée qu'elle foit, qu'on ne puiffe faire chanter, & même agréablement.

Rome & Athènes où la perfection du Chant avoit été portée à fon dernier période, étoient bien convaincues que la connoiffance de la méchanique de la Voix influe beaucoup fur le beau Chant. Quintilien (1) nous apprend qu'on ne négligeoit rien de fon tems de ce qui avoit rapport aux Organes de la Voix; qu'il y avoit même dans Rome des perfonnes qui faifoient profeffion d'enfeigner l'Art de la fortifier : Pline fait mention dans différens endroits

---

(1) C. 3 L. 11. Tract. de Eloquentiâ.

de son Histoire de plus de vingt plantes salutaires aux Organes de la Voix: Cicéron (1) nous dit que les célèbres Acteurs de son tems avoient coûtume de chanter leur rôle étant assis, & que tous les matins avant de se lever, ils faisoient sortir comme par degrés leur voix de leur gosier, & qu'ils la faisoient monter des Tons les plus bas, aux Tons les plus hauts, d'où ils la ramenoient ensuite à l'endroit d'où ils étoient partis. Par ces artifices, ils entretenoient dans leurs Organes les degrés de force, d'élasticité, & de flexibilité nécessaires pour former de beaux Sons. Aristote avoit dit les mêmes choses long-tems avant Cicéron.

(1) L. 1. de Orat,

Pour peu qu'on faſſe d'attention aux avantages multipliés qui réſultent de la connoiſſance du méchaniſme de la Voix, pour peu qu'on ait de reſpect pour les exemples des Anciens, on ſe convaincra qu'on ne ſçauroit trop étudier les Organes de la Voix.

CHAHITRE II.

Quels ſont les Organes de la Voix.

COMME il ſera ſouvent queſtion dans cet Ouvrage des Organes de la Voix; il eſt néceſſaire d'en donner une idée préciſe & claire.

Les Organes de la Voix peuvent ſe réduire aux poumons, à la trachée artère, & au larinx. Ces différens Organes concourent à former un Tout qui est l'instrument de la Voix : je vais les faire connoître succintement & en détail.

Le Poumon est un Viscère fort gros situé dans l'un & l'autre côté de la Poitrine ; aussi distingue-t'on le Poumon droit & le Poumon gauche : la substance de ce Viscère est spongieuse composée de petites cellules qui peuvent se contracter, & de divers conduits appellés branches, & composés eux-mêmes d'anneaux & de membranes. Le Poumon se divise en deux grands Lobes ; l'un est à droite, & l'autre est à gauche. Le gauche est divisé en deux Lobes, & le droit en trois, & chacun de ces Lobes en une infinité d'autres petits separés les uns des autres par une fubftance cellulaire : le Poumon eft convexe fupérieurement & concave inférieurement, fa figure approche fort de celle d'un pied de bœuf.

La Trachée-artère eft un canal qui s'étend depuis le Poumon jufqu'au Larinx.

Le Larinx eft la partie fupérieure la plus épaiffe & la plus groffe de la Trachée-artère ; elle en eft comme la tête, elle eft compofée de Cartilages différemment articulés ou liés entre eux, & de quelques Mufcles : elle eft quarrée par le haut, & circulaire par le bas.

La Glotte proprement dite, eft la partie la plus étroite & la plus baffe de l'ouverture du Larinx : c'eft une

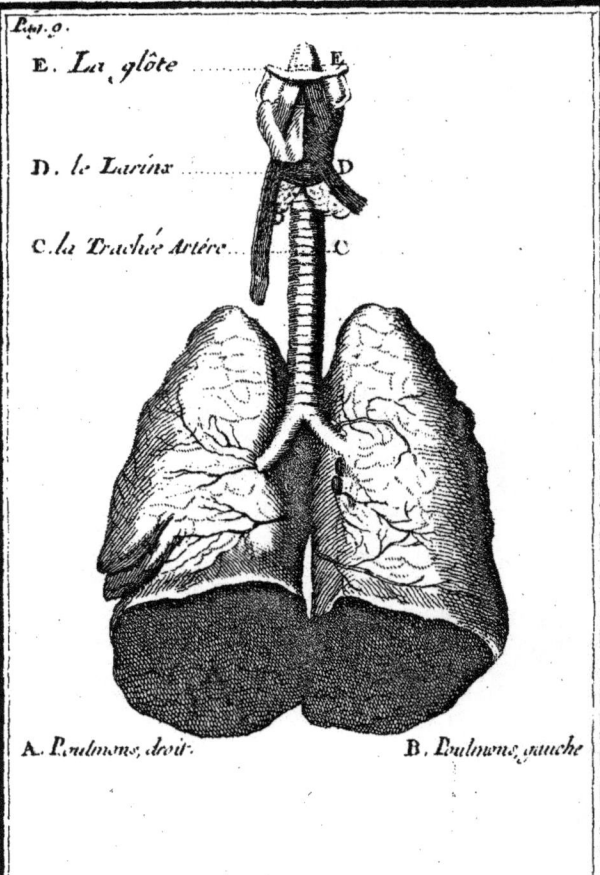

fente horifontale terminée par deux lévres, l'une à droite & l'autre à gauche.

Voici quel eft l'enchaînement de toutes ces différentes Parties entr'elles : le Poumon eft uni à la Trachée-artère ; celle-ci l'eft au Larinx, dans lequel on trouve la Glotte : une planche rendra fenfible aux yeux, ce que j'ai tâché de rendre fenfible à l'efprit.

CHAPITRE III.

De l'Infpiration & de l'Expiration.

L'INSPIRATION & l'Expiration réunies compofent la Refpiration, qui n'eft qu'un flux & reflux d'air dans les Poumons, produit par les mouvemens des Organes qui servent à cet usage.

L'Inspiration est le mouvement de l'air extérieur qui entre par la bouche, le nez & la glotte dans la Trachée-artère, & va remplir toute la capacité des Poumons : l'Inspiration suit nécessairement de la dilatation de la Poitrine : cette dilatation a son principe dans le mouvement des côtes qui s'élevent en se portant en dehors, & dans la contraction du Diaphragme, dont la partie convexe qui regarde la Poitrine descend & comprime le Ventre.

L'Expiration est l'action des Organes, par laquelle l'air intérieur est chassé des Poumons, & en sort par les mêmes voyes qu'il y étoit entré : on doit rapporter l'Expiration au rétablissement du Diaphragme, & au retrécissement de la Poitrine, qui se fait par l'abaissement des côtes. Comme le Poumon est le centre contre lequel agissent tous ces différens mouvemens, il doit être comprimé, & l'air doit être chassé des Cellules pneumoniques où il étoit contenu : c'est cet air qui doit servir à la formation de la Voix & par conséquent du Chant, puisque ce dernier (1) *n'est qu'une sorte de modification de la Voix, par laquelle on forme des Sons variés & appréciables.*

(1) Art. *Chant.* tom. 3.e de l'Encyclopédie.

CHAPITRE IV.

De la Formation de la Voix.

LE Pere Kirker, ce célébre Jésuite, né, ce semble, pour dérober à la Nature tous ses secrets, souhaitoit, il y a un siecle, la possibilité d'un instrument à cordes & à vent : il ne doutoit point qu'un Artiste créateur, qui jetteroit dans le monde un pareil Phénomène, n'y jettât des plaisirs nouveaux. Cet instrument étoit tout inventé sans qu'on le remarquât : Il existoit, & personne ne s'en étoit apperçu ; il étoit reservé à M. Ferrein (1) de le deviner dans

───────────
(1) Voy. le vol. de l'Acad. Royale des Sciences. Année 1741, pag. 409 & les suivantes.

les Organes de la Voix, & d'en prouver l'exiftence par une differtation également folide & ingénieufe. Hâtons-nous de venir à notre fujet.

Des expériences faites avec foin, & fouvent répetées, apprennent que fitôt que les lévres de la Glotte demeurent également tendues, fon retréciffement ou fon élargiffement ne produifent aucune différence dans les Sons, & qu'ainfi ils ne doivent être comptés pour rien : mes propres Obfervations m'ont de plus appris, que fi l'on détache les lévres de la Glotte d'un Larinx d'homme, & qu'enfuite on élargiffe ou que l'on retréciffe cette premiere en foufflant par la Trachée-artère, il en réfulte un bruit qui n'a plus aucun rapport avec la Voix, & qui ne donne point cette varieté de Sons qui l'ont produit en ménageant divers degrés de tenſion dans les lévres de la Glotte. Voilà qu'à l'aide des expériences, nous avons ſecoué le joug des vieilles erreurs : c'eſt avoir fait un pas vers la vérité que de ſçavoir qu'elle n'eſt point là où l'on avoit cru qu'elle étoit.

Si l'on fait une Analyſe exacte des lévres de la Glotte, ſi on les dépouille des parties qui les environnent, & qu'après on porte un œil curieux ſur elles, on obſervera qu'elles ſont une eſpèce de rubans larges d'une ligne, tendus horiſontalement, arrêtés par les deux bouts, ſuſceptibles de pluſieurs degrés de tenſion, & de différentes vibrations, ou oscillations, & separés l'un de l'autre par l'intervalle de la Glotte, de sorte que l'air ne sçauroit sortir sans déployer contr'eux son action. Si l'on prend un Larinx détaché du corps de l'homme, ou d'un animal, si l'on retrécit médiocrement l'ouverture de la Glotte, si on la conserve dans cet état sans en changer le calibre, & qu'on pousse l'air avec assez de force dans la Trachée-artère, on s'apperçoit que ces rubans sont agités des mêmes tremblemens que les cordes d'un instrument de Musique, & l'on entend le Son de la Voix qui commence ou finit avec les vibrations, & devient plus fort ou plus foible, suivant l'étendue de ces mêmes vibrations toujours sensibles à la vûe : la Voix ne vient donc pas de l'impétuosité de l'air lancé par l'ouverture de la Glotte ; ce n'est point aussi dans cette derniere qu'on doit chercher le principal Organe de la Voix, mais dans les lévres qui la terminent à droite & à gauche, & que nous appellerons indifféremment désormais Rubans sonores, ou Cordes vocales.

Une découverte ne se présente jamais seule. Tous les pas qu'on feroit dans un monde nouveau, offriroient des nouveautés : c'est pourquoi M. Ferrein a poussé plus loin ses découvertes, & a donné un heureux développement à son syftême avec le secours de l'Analogie. Je parlerai d'après ce profond Observateur.

DU CHANT. 17

Il y a bien des rapports entre les rubans sonores & les cordes isocrones du Clavecin. La Glotte en est l'intervalle ; le vent qui vient frapper les cordes vocales, tient lieu des plumes qui pincent les cordes du Clavecin. La colonne d'air qui pousse celui qui précéde dans la Glotte, peut être considerée comme le Sauterau qui fait monter la languette, l'action de la Poitrine & du Poumon supplée les doigts, & les touches qui font monter le Sautereau.

Comme tous les Etres soit créés, soit inventés, sont liés entr'eux par des nœuds secrets, sitôt qu'on verra des rapports d'un Etre à un autre, on en verra bientôt de ce premier à un troisiéme, & ensuite à un quatriéme, &c.

La comparaiſon de l'inſtrument de la Voix avec le Clavecin, a vraiſemblablement donné lieu à la comparaiſon de ce premier avec la Violle.

Les lévres de la Glotte ſont propres à être vibrées, & à rendre des Sons, ainſi que les cordes de la Violle. L'air eſt comme l'archet, la Poitrine & les Poumons ſont les fonctions de la main qui fait mouvoir l'archet.

CHAPITRE V.

Génération des Sons primitifs de la Voix, & leur liaison entr'eux.

Les Observations apprennent que le Larinx monte tout entier dans les Sons aigus, & qu'il descend dans les Sons graves, & que son élévation & son abaissement sont dans une exacte proportion avec ces sortes de sons : M. Ferrein a remarqué que quand le Larinx monte, les Cartilages auxquels sont attachées les extrémités des rubans sonores s'éloignent les uns des autres, & donnent à ces rubans des dégrés de tension proportionnés à leur allongement ; ce sont ces dégrés de tension qui rendent les vibrations plus promptes & le son de la Voix plus aigu. Il suit de tout ceci, & les expériences que j'ai faites m'ont appris qu'on peut regarder les mouvemens du Larinx comme signes de la tension ou du relâchement des cordes vocales, tout comme on peut considérer certains mouvemens des chevilles de la Violle ou du Violon, comme signes de la tension ou du relâchement des cordes de ces instrumens.

Il est aisé de procéder maintenant à la génération des Sons : on devine déja que pour former des Sons aigus, il faut faire monter le Larinx, que pour rendre un Son six fois plus aigu qu'un autre, le Larinx doit s'élever de six degrés, de six lignes par exemple, que pour former un Son
plus

plus aigu d'un demi dégré, il faut faire monter le Larinx d'une demi-ligne; on comprend que par la raison des contraires, il faut faire descendre le Larinx pour les Sons graves, & que les degrés d'abaissement sont exactement dans les mêmes proportions, que les degrés d'élevation dans les Sons aigus. (1)

Comme nous avons dit dans le Chapitre précédent que l'air contenu dans le Poumon que nous appellerons Air intérieur, doit être regardé comme l'archet qui imprime du mouvement aux cordes vocales, il est évident que la force ou la foiblesse

---

(1) On peut se convaincre de la vérité & de l'exactitude de ces proportions, en portant le doigt sur le Larinx, lorsqu'on rend des Sons aigus ou graves.

des Sons augmentera à mesure que l'air intérieur agira sur les lévres de la Glotte avec plus ou moins d'énergie ; c'est que dans ces différens cas les oscillations des rubans sonores seront plus ou moins profondes : personne n'ignore que c'est leur étendue qui décide la force ou la foiblesse des Sons.

Il n'est pas hors de propos d'observer que ce que j'ai dit sur la génération des Sons aigus & des Sons graves ne doit point être pris dans une rigueur géométrique ; car le Larinx demeurant immobile, on pourroit absolument rendre successivement des Sons aigus & des Sons graves ; il n'y auroit pour cela qu'à avancer les lévres, les ramener ensuite vers les dents, & qu'à continuer ce jeu : on voit que dans ces différens cas la Mâchoire devroit être confiderée comme une corde tantôt plus, tantôt moins longue ; mais parce qu'il n'arrive prefque jamais dans le Chant qu'on ôte au Larinx la liberté de monter ou de defcendre, on ne doit tenir nul compte de cette exception à la régle.

Nous avons les élémens du Chant dans les Sons dont nous avons expliqué la génération : un Efprit philofophique s'appercevra qu'ils contiennent en eux-mêmes une infinité d'autres Sons, & que c'eft pour cela que nous les avons appellés Sons primitifs : comme ces élémens exiftent en quelque forte difperfés, & qu'ils font infiniment mobiles de leur nature, je vais apprendre l'Art de les réunir, & d'enchaîner leur mobilité.

On peut regarder les liens qui uniffent les Sons principaux entr'eux, comme de moindres Sons placés dans l'intervalle d'un Son à l'autre : ils font produits par des vibrations excitées dans les lévres de la Glotte par une douce expiration; comme ces vibrations peuvent être plus ou moins confidérables, les liens peuvent être plus ou moins forts. Ce Chapitre m'ouvre des jours immenfes ; je me fens entraîner par l'importance des matières.

CHAPITRE VI.

Uſage de l'Inſpiration & en particulier de l'Expiration par rapport à la génération des Sons à caractère.

Ciceron (1) dit *que la Muſique ſe propoſe de peindre les paſſions du cœur humain & les mouvemens qu* ont lieu dans le Monde Phyſique, à ſçavoir la crainte ou l'eſperance, la triſteſſe ou la joye, le bruit du tonnerre ou le murmure d'un ruiſſeau, le vol de Borée ou le vol d'un Amour: l'on voit que l'objet de la Muſique eſt un peu différent de celui de la Peinture : celle-ci nous offre l'image immobile des Corps en mouvement,

(1) *Lib. 3. de Orat.*

& laiffe deviner les paffions : le Chant n'a point d'autre objet que celui de la Mufique, il n'eft lui-même que la Mufique animée, je veux dire, tranfportée de deffus le papier dans la bouche des Amateurs & des Gens à talens.

C'eſt d'après la remarque de Cicéron que je diviferai les Sons à caractère, j'entends par-là tous les Sons marqués au coin de la Paffion : on peut confidérer comme tels ceux dont je donnerai la génération : je mettrai dans la première Claffe, ceux qui ont rapport aux grandes paffions & aux mouvemens violens : je rangerai dans la feconde, ceux qui ont rapport aux paffions tranquilles & à des mouvemens peu confidérables & gracieux. L'Art de bien infpirer & de bien expirer étant le principal reſſort qui produit les Sons dont j'expliquerai la génération, il me faut donner briévement des Régles à ce ſujet.

Pour bien inſpirer il faut élever & élargir la Poitrine de telle ſorte que le ventre ſe gonfle : par cet artifice on remplira d'air toute la cavité du Poumon : pour bien expirer il faut faire ſortir l'air intérieur avec plus ou moins de force, avec plus ou moins de volume, ſelon le caractère du Chant.

On peut réduire les Sons de la première Claſſe aux Sons violens, entrecoupés, majeſtueux & étouffés : je me diſpenſerai de mettre à la tête de chaque Article ces mots : *pour rendre tel Son...* ou de recourir à de vaines périphraſes.

C iv

PREMIÉRE CLASSE.

Sons Violens.

POUR former un Son violent, il faut faire fortir l'air avec une extrême rapidité par la Glotte : fon action contre les Cordes vocales les déterminera à des ofcillations profondes & en tirera des Sons violens.

Sons Entrecoupés.

On doit avoir foin de fufpendre l'Expiration à la fin de chaque Son : il n'y aura point alors de vibrations dans les rubans fonores dans l'intervalle d'un Son à l'autre, & par-là même point de liaifon : à proportion que le tems où l'on fufpendra fon Expiration fera plus confidérable, les

Sons feront plus entrecoupés, c'est que dans ce cas, il y aura plus loin d'un Son à l'autre.

Sons Majestueux.

Expirez quelque tems sur chaque Son de manière que l'air intérieur sorte avec une certaine vîtesse qui croisse successivement par ces moyens : vous donnerez aux Sons les degrés de force & de volume qu'exige leur caractère de Majesté.

Sons Etouffés.

Il faut s'arrêter un peu sur chaque Son, & le retenir dans la bouche : on comprend qu'alors les mêmes oscillations des lévres de la Glotte seront continuées, & que les Sons retenus dans la bouche s'amortiront, & qu'ainsi ils acquerront les degrés d'étendue & d'obscurité nécessaires.

SECONDE CLASSE.

La seconde Classe contient les Sons Légers, Tendres & Maniérés.

IL m'eût été aisé de pousser plus loin cette énumeration : mais comme les Sons que j'aurois pû ajouter sont dérivés de ceux que je viens de nommer, mes Lecteurs pourront faire l'application de mes Principes.

Sons Légers.

On ne doit presque point insister sur les Sons : il faut rendre l'air intérieur en petit volume, & avec douceur : pour lors des Vibrations de différente espèce se succederont dans les cordes vocales : d'ailleurs les premières auront peu d'étendue, & les Sons auront le caractère de mobilité & de légereté dont il s'agit.

Sons Tendres.

Il faut expirer quelque tems & mollement sur chaque Son ; par-là on lui imprimera un caractère de durée & de douceur propre à la tendresse.

Sons Maniérés.

Expirez le plus doucement qu'il vous sera possible, ensorte que les rubans sonores soient réduits à de foibles oscillations, ou à des demi-oscillations, & alors les Sons seront maniérés.

Comme les divers mouvemens, dont je viens de parler, peuvent croître ou diminuer presqu'à l'infini ; aussi les différens Sons dont il a été question peuvent varier presqu'à l'infini, c'est-à-dire que leur caractère peut être plus ou moins marqué.

CHAPITRE VIII.
Usage de l'Inspiration & de l'Expiration, par rapport aux Agrémens.

IL n'est pas douteux que l'Art de bien inspirer & de bien expirer, ne multiplie les forces d'un Chanteur, & ne lui donne une grande facilité pour bien finir les Agrémens : Supposons qu'un homme accoutumé à ne faire que des demi-inspirations, en fasse une entière : il est évident qu'il pourra expirer pendant un tems double sans reprendre haleine, en rendant le même volume d'air intérieur qu'à l'ordinaire ; si cette même personne ne laisse sortir des Poumons qu'un volume d'air la moitié moindre que le précédent : elle pourra expirer pendant un tems quadruple, & par conséquent elle pourra phraser quatre fois plus long-tems qu'auparavant. On pourroit pousser plus loin ce calcul.

En pratiquant les Régles que je viens de donner, on sçaura enfler avec succès un Son d'une longue tenue : on fera les martellemens des cadences & les roulades d'une manière nette & brillante : on rendra distinctement la fin de chaque Son; on ne fera point de chutes brusques : on n'aura point l'air fatigué dans le Chant : on n'interrompra point le sens d'une phrase par plusieurs inspirations, & l'on évitera une infinité d'autres fautes qui ternissent l'éclat des plus belles Voix.

On peut étendre l'usage de mes Régles jusqu'à l'Agrément que nous appellons Point d'Orgue, & que les Italiens nomment *Cadenza* : ils le placent ordinairement au milieu & à la fin d'une Ariette : cet Agrément exige des infléxions de Voix extrêmement déliées & des Sons manièrés : il y a beaucoup de difficultés à vaincre pour le bien finir : aussi les Chanteurs qui le font avec précision & tout

DU CHANT. 35

d'une haleine sont-ils sûrs des applaudissemens des Auditeurs.

Quoique les Italiens soient plus accoutumés à chanter avec un petit volume de Voix & à Sons aigus que les François, ceux-ci à l'aide de mes Observations, réussiront à former le Point d'Orgue avec autant de graces & de perfection que ceux-là.

Si la vérité de la méthode que j'ai enseignée étoit moins sensible, je pourrois dire que l'expérience m'en a confirmé la solidité, qu'en la faisant pratiquer j'ai tiré des Sons moëlleux, forts & gracieux des Organes les plus lourds, que je les ai rendus capables de rendre les Agrémens les plus difficiles avec une singuliére perfection. Quels miracles ne doit point opérer l'Art fur des Sujets bien organifés !

CHAPITRE IX.

Corollaires qui fuivent des Chapitres précédens.

JE regarde les Chapitres précédens comme des principes féconds d'où naiffent une infinité de conféquences : je ferai mention de quelques-unes qui ont rapport aux qualités de la Voix & aux différentes efpèces de Voix : j'en tirerai d'autres plus utiles, puifqu'elles ne tendront à rien moins qu'à corriger les défauts des Organes, & à établir l'empire de l'Art.

Les cordes vocales étant fufceptibles

bles de divers degrés de tenfion, elles équivalent à plufieurs cordes de la même efpèce, mais de différentes longueurs. Auffi l'inftrument de la Voix quoiqu'il foit bicorde (1) donne-t'il un grand nombre de Sons, & les Chanteurs s'élevent-ils jufqu'à la double Octave. Si les rubans fonores pouvoient être plus tendus à l'infini, l'on pourroit en tirer une infinité de Sons de différentes fortes. On voit comment on pourroit tirer autant de Sons d'un Monocorde (2) que d'un Violon : il ne feroit queftion que de ménager dans le premier inftrument beaucoup de degrés de tenfion. Il eft vrai qu'on n'en tireroit pas plufieurs

(1) Inftrument à deux cordes.
(2) Inftrument à une corde.

Sons différens à la fois, comme du Violon, où l'archet peut appuyer en même-tems fur deux cordes de diverfe efpèce; mais cet inconvénient n'eft rien, vû la rapide fucceffion de Sons variés que donne une même corde plus ou moins tendue.

Comme on peut fuppofer que dans la plûpart des hommes, les lévres de la Glotte font épaiffes, longues & tendues différemment, on peut de ces fuppofitions dériver aifément les diverfes fortes de Voix; je veux dire de baffe-Taille, de Taille, de Deffus, de haute-Contre, &c. Hâtons-nous de courir à des vérités plus importantes.

La plûpart des défauts de la Voix naiffent des Organes; je tâcherai de faire sortir le reméde de la source même du mal.

Les cordes vocales peuvent être trop tendues dans certains sujets, & alors les Sons pour être trop aigus, seront un peu aigres. On doit alors faire monter le Larinx par degrés insensibles; & ainsi les rubans sonores seront moins tendus, & les Sons seront moins aigus. Quand il est question de former des Sons graves, il faut bien faire descendre le Larinx, parce qu'alors les rubans sonores seront plus relâchés, & par conséquent les Sons plus graves.

Si les tons que les personnes supposées rendent, sont trop aigus d'un demi-ton, les degrés d'élévation du Larinx doivent être la moitié moindres, & les degrés d'abaissement doivent être la moitié plus considérables. Ces Régles ont lieu pour les gens qui ont les cordes vocales trop courtes ou trop déliées, ainsi que pour ceux qui les ont trop tendues.

L'on peut avoir la Voix trop grave & un peu rauque; c'est-à-dire, les lévres de la Glotte trop épaisses, trop longues ou trop relâchées : on doit pour lors dans les Sons aigus élever le Larinx plus qu'à l'ordinaire, & le faire moins descendre dans les Sons graves : l'excès d'élevation ou d'abaissement doit justement répondre au défaut dont il s'agit.

Il peut arriver que la cavité du Poumon n'ait point assez d'étendue, & que par conséquent elle ne soit pas propre à recevoir une aſſez grande quantité d'air : dans ce cas, il faut s'habituer à faire de grandes inſpirations, & à chaſſer l'air intérieur en petit volume : par cet artifice & par cette ſage œconomie, on déguiſera & l'on fortifiera heureuſement ſa foibleſſe : ces derniers corollaires prouvent que ce n'eſt point les Voix qui manquent à la Muſique ; mais que c'eſt l'Art qui manque aux Voix.

CHAPITRE X.

Tout l'Art du Chant envisagé précisément eû égard à la Voix, consiste à faire monter & descendre à propos le Larinx, à bien inspirer & à bien expirer.

Ceux qui traitent des Arts ne sçauroient trop s'attacher à les présenter sous des idées systématiques : offrir au Lecteur une foule de régles, c'est accabler la mémoire, c'est effrayer les esprits. Il n'est pas aisé de sçavoir toutes choses même dans un seul Art, mais il est aisé de sçavoir les premiers principes de tous les Arts & de toutes les Sciences. C'est pour ces raisons que j'ai réduit l'Art du Chant consideré précisément par rapport à la Voix, aux deux principes que j'ai indiqués. Ils fuivent des Chapitres précédens, comme une conséquence fuit de fon principe : une courte induction va le prouver.

Il eft évident par tout ce que j'ai dit jufqu'ici, qu'à proportion que le Larinx s'éleve ou s'abaiffe davantage, les Sons font plus ou moins aigus, plus ou moins graves; qu'à mefure qu'on rend l'air intérieur avec plus ou moins de rapidité, les Sons font plus ou moins forts; que lorfqu'on fait fortir l'air des Poumons avec plus ou moins de douceur dans l'intervalle des Sons, ceux-ci font unis par des liens plus ou moins fenfibles; qu'à proportion qu'on expire plus ou moins long-tems fur les Sons, ils font plus nourris & plus moëlleux ; que lorfqu'on y expire quelque tems & avec une certaine force, ils font majeftueux ; que quand on y expire long-tems & mollement, ils font tendres ; que lorfqu'on y expire avec douceur & très-peu de tems, ils font légers & gracieux ; enfin que lorfqu'on fçait attirer une grande quantité d'air dans les Poumons, & le rendre enfuite en petit volume, on a une grande facilité à faire de longues phrafes, & à exécuter avec tout le fuccès poffible tous les agrémens. Ne femble-t'il pas que je viens de tracer le portrait du beau Chant, envifagé précifément par rapport à la Voix ? Je n'ai fait cependant que rapprocher des corollaires déduits des principes que j'ai exposés au commencement de ce Chapitre : une supposition répandra encore de plus grands jours sur la solidité de ces derniers.

Supposons qu'un Artiste inventeur fasse un instrument semblable au Larinx, & qu'il attache à la glotte qu'il y aura ménagée, des cordes ou rubans d'une matière & d'une figure analogue aux cordes vocales, en sorte qu'à l'aide de quelques ressorts on puisse tendre ou relâcher ces premiers: supposons de plus, qu'il supplée les Poumons par un soufflet ou par quelqu'autre espèce de pompe, il est sûr qu'il nous donnera d'après la Nature un Bicorde pneumatique (1) : s'il insinue

(1) Instrument à deux cordes & à vent.

cet instrument dans le corps d'une statue de figure humaine de manière qu'on puisse le faire jouer, il nous fera voir un Automate qui imitera parfaitement la Voix, & qui sera très-capable de chanter les plus beaux airs.

On comprend que l'Art de jouer de ce nouvel instrument, se réduiroit à faire mouvoir à propos les ressorts qui tendent ou relâchent les cordes, à pomper l'air & à le rendre avec force, ou avec douceur. La supposition est ici la réalité elle-même. On peut regarder le Larinx comme les ressorts où sont attachés les rubans de l'instrument dont nous venons de parler : les Poumons en sont les soufflets ; l'inspiration est l'Art de pomper l'air, l'expiration est l'Art de le rendre.

SECONDE PARTIE.

La Prononciation & l'Articulation envisagées eu égard au Chant.

DIVISION DE LA SECONDE PARTIE.

SI le Chant n'employoit que les Sons primitifs pour tracer ses tableaux, & pour former ses images, il ne différeroit guère de la Musique instrumentale ordinaire: mais il s'est approprié certaines modifications de la Voix, je veux dire les paroles; ensorte qu'il offre à l'ame & des idées & des sensations: c'est pour cela même qu'il est la source de bien des agrémens, & qu'il exerce un empire également doux & violent. Tout le monde voit que la prononciation & l'articulation ressortent du domaine du Chant : pour ne point usurper les droits de la Grammaire, je traiterai de toutes les deux considérées par rapport à ce premier.

CHAPITRE PREMIER.

Définition de la Prononciation.

LEs Ecrivains qui ont traité jusqu'à présent de la Prononciation & de l'articulation, n'ont point assez distingué l'une de l'autre : on dit cependant tous les jours : *Voilà une personne qui prononce bien, c'est dommage qu'elle articule mal* : l'on dit aussi, *voilà une personne qui articule bien, c'est dommage qu'elle prononce mal*: ce n'est point ici le lieu de démêler les différences qu'il y a entre l'une & l'autre.

La prononciation consiste à ne point donner aux lettres d'accent étranger : elle dépend beaucoup de la connoissance pratique des brèves & des longues, des ê ouverts & des ê fermés, &c. elle est assujettie en ce genre à des regles fixes & déterminées ; elle doit s'attacher à conserver aux lettres les qualités qui leur sont propres : celles-ci ont leurs principes dans les mouvemens des Organes de la prononciation, & dans les divers caractères du Chant : les loix qui dirigent les Chanteurs à cet égard, varient à l'infini à cauſe des mitigations dont elles ſont ſuſceptibles : il faut faire attention à tous les degrés & à toutes les nuances des paſſions ; c'eſt au ſentiment de les ſaiſir, c'eſt au goût & à l'art de les rendre : ce dernier rend la prononciation très-capable d'imiter la Nature.

CHAPITRE II.

Qu'il eſt important de bien prononcer dans le Chant.

SI l'on obſerve que le Chant n'eſt qu'une déclamation plus embellie que la déclamation ordinaire, on comprendra qu'on doit ſe ſoumettre au joug de la Proſodie Françoiſe, & qu'on ne ſçauroit impunément refuſer aux lettres leurs différentes qualités, puisque ces dernieres sont l'ame des paroles : les langues sont des divinités, tout ce qui a rapport avec elles est sacré.

CHAPITRE III.

Génération des Lettres, & leur liaison entr'elles.

IL n'arrive que trop souvent que des gens élevés & instruits dans le sein de la capitale, & qui prononcent bien dans la conversation & dans la déclamation, prononcent très-mal dans le Chant, soit parce qu'alors leur attention est partagée entre le soin de rendre les tons, & celui de rendre les paroles; soit parce que les Sons variés qu'exige le Chant, multiplient les difficultés de la belle prononciation : ces difficultés doivent être plus grandes pour les Provinces, & les Etrangers qui sont loin de la source de notre langue, je veux dire de la Cour. Voici une liste de plusieurs fautes que j'ai occasion de remarquer tous les jours, quelques-unes d'entr'elles sont si grossières, qu'elles ne paroîtront pas vraisemblables : il seroit cependant à souhaiter qu'elles fussent moins communes.

On prononce Arémide, *au lieu de* Armide
Bérouger . . . . . . *de* Berger.
Béruler . . . . . *de* Brûler.
Chadore . . . . *de* J'adore.
Chaime . . . . *de* J'aime.
Chardin . . . . *de* Jardin.
Chéant

DU CHANT. 53

  Chéant . . . . . *de* Géant.
  Chénéreux . . . *de* Généreux.
  Hélas . . . . . *de* Hélas.
  Malegré . . . . *de* Malgré.
  Mérecure . . . *de* Mercure.
  Parefaitement . . *de* Parfaitement.
  Pèisage . . . . . *de* Péisage.
  Perintems . . . . *de* Printems.
  Pêsibles . . . . . *de* Pésibles.
  Plêsir . . . . . *de* Plésir.
  Quéle prix . . . *de* Quel prix.
  Quile sommeille. *de* Qu'il sommeille.
  Rendere . . . . *de* Rendre.
  Tende . . . . *de* Tendre.
  Voussavés . . . *de* Vous avez.

L'on ne rougit point de se permettre en chantant, les prononciations les plus triviales, comme celles-ci, *la victouêre, la glouêre, la vouêx*, &c.

No perenes quo l'amoure poure maitro. . . . . .
Quo craignes vous charamanto Reino. . . . . .

Je ne veux pas étendre davantage cette liste de peur de causer de l'ennui. On ne sçauroit éviter ces fautes, & une infinité d'autres, que par une connoissance exacte du jeu méchanique des Organes, duquel résulte la prononciation; quoique le Maître de la Scène comique (1) ait jetté du ridicule sur cette matière, j'oserai faire part de mes réflexions au Public: tout Lecteur Philosophe qui sçaura que les paroles doivent toute leur expression & leur vie aux mouvemens des Organes, me sçaura gré de mes remarques. Pour procéder avec ordre, 1º. je m'assujettirai à l'ordre alphabétique, 2º. je dériverai certaines qualités des lettres du jeu méchanique des Organes, par où on les forme.

(1) Moliere, dans le Bourgeois Gentilhomme.

A.

L'*a* ouvert fe prononce en ouvrant la bouche en large & comme en riant. L'*a* fermé demande un femblable, mais moindre mouvement : comme le gofier influe beaucoup à la prononciation de cette lettre, on l'appelle gutturale.

B.

Fermez la bouche, appuyez un peu les lévres l'une fur l'autre, c'eft pourquoi *b*, eft une lettre labiale.

C.

Il faut porter le bout de la langue fur les gencives inférieures, joindre les dents & comprimer l'air contr'elles : auffi nomme-t'on le *c*, lettre dentale & fifflante.

D.

Donnez avec douceur du bout de la langue fur les dents fupérieures & inférieures : d. eft une lettre linguale & dentale.

E.

L'e, fermé & mafculin fe prononce en ménageant une ouverture de bouche en large, en découvrant les dents fupérieures & les inférieures, & en les tenant un peu féparées : cette lettre eft une lettre claire, on forme l'é ouvert par une ouverture de bouche plus grande & plus ronde que la précédente, & en éloignant davantage les dents que dans le premier cas. L'e muet féminin n'exige qu'une petite ouverture de bouche. On doit regarder les trois sortes d'*e*, comme lettres gutturales.

F.

Approchez les lévres l'une de l'autre, enforte que celle d'en-bas aille toucher celle d'en-haut. L'on peut nommer l'*f* lettre dentale & labiale.

G.

Il faut ferrer les dents, & comprimer l'air qui fort du gofier entre la langue & le palais qui le réfléchit: c'eft cette réfléxion de l'air qui donne la génération du *g* : il eft lettre dentale & palatalle.

H.

L'*h* fe prononce en ferrant un peu le gofier ; & par une petite fecouffe de poitrine qui le rend aspiré ; cette lettre est gutturale & douce.

I.

Le même jeu d'Organes doit avoir lieu pour l'*j* consonne que pour le *g*, avec ces différences, que ce jeu doit être plus foible, & qu'il faut approcher les dents d'en-bas de celles d'en-haut, & non les serrer : quand il faut prononcer l'*j* consonne délié, comme dans les mots *jardins*, *j'adore*, &c. il faut lever le bout de la langue vis-à-vis les gencives supérieures, ensorte qu'elle éprouve une espèce de frémissement ; on doit regarder l'*j* consonne, comme une lettre palatalle dans le premier cas, & comme une lettre dentale & linguale dans le second.

L'*i* voyelle se forme comme l'*y* : voyez l'Article qui concerne cetre derniere lettre.

K.

La prononciation du k exige une secousse séche du gosier, aussi on la nomme gutturale & dure.

L.

On doit appliquer mollement le bout de la langue au palais ; la lettre *l*, est linguale & palatalle.

M.

Frappez de la lévre inférieure la supérieure, ensorte que l'air soit réfléchi dans le nez : on peut appeller l'*m*, lettre labiale & nazale.

N.

Il faut porter la langue sur les gencives des dents supérieures, de manière que le nez éprouve une espèce de frémissement : on nomme cette lettre nazale.

O.

L'o se prononce en allongeant les lévres & en arrondissant leur ouverture : comme le gosier n'influe pas peu à la prononciation de cette lettre, elle est gutturale.

P.

Joignez la lévre inférieure à la supérieure, & séparez-les par une secousse de gosier, on doit regarder le *p.* comme lettre labiale & gutturale.

Q.

La prononciation de cette lettre demande une secousse de gosier, & qu'on avance les lévres, aussi *q.* est-il une lettre gutturale.

R.

Il faut porter la langue au-dessous des dents supérieures, & pousser l'air du gosier, de sorte que cet air réfléchi par le palais, détermine la langue à une espèce de tremblement, c'est pourquoi l'r doit être appellée dentale & linguale.

S.

Ayez soin de porter la langue devant les dents que vous joindrez : de ce jeu résultera la prononciation de l'ſ ; je la nomme sifflante & dentale.

T.

On doit placer le bout de la langue entre les dents supérieures & les inférieures, & les séparer par une sacade de gosier : *T.* est tout ensemble lettre dentale, linguale & gutturale.

U.

Avancez les lèvres de manière qu'elles forment une petite ouverture : donnez au gosier une molle secousse. L'*u* est appellé lettre gutturale, & demi-labiale.

V.

Les lévres inférieures doivent aller battre contre les supérieures, de manière qu'il y ait une ouverture ménagée au centre de la bouche : on doit mettre l'*v* consonne dans la classe des lettres labiales.

X.

Il faut porter le bout de la langue sur les gencives inférieures, il faut donner une secousse au gosier & serrer les dents, pour que l'air aille se comprimer contr'elles. L'*x* est une lettre douce, gutturale & dentale.

Y.

Approchez les dents supérieures des inférieures : portez légérement la langue sur les gencives des premières, & ménagez une petite secousse de gosier ; on peut compter l'*y* au nombre des lettres dentales & gutturales.

Z.

Portez la langue devant les dents, & poussez avec un peu de vivacité l'air contr'elles. Le *z* est tout ensemble lettre douce, sifflante & dentale.

La liaison des lettres se fait par une espèce de frémissement qui persévere dans les Organes après la prononciation de chaque lettre : on peut appliquer aux Organes de la bouche, ce que nous avons dit des rubans sonores dans le Chapitre (1) de la liaison des Sons entr'eux.

On doit comprendre actuellement qu'il ne seroit pas impossible d'apprendre à des Sourds de naissance à parler ; il n'y auroit qu'à leur apprendre à donner par imitation à leurs Organes les mouvemens d'où résulte la prononciation des lettres, des syllabes & des paroles, & qu'à leur montrer les objets dont ces dernieres sont signes : l'expérience justifie la vérité de la réfléxion que je viens de faire : on doit regarder ce Chapitre comme le germe de plusieurs autres.

(1) Voyez Chap. VI. premiere Partie.

CHAPITRE IV.

Division des différentes sortes de Prononciation.

ARetin, Moine Ferrarois, est célebre pour avoir divisé le Chant en trois espèces, en Chant dur, en Chant doux, & en Chant naturel, lequel participe des deux premiers: j'ose ajouter deux nouvelles espèces, le Chant obscur, & le Chant clair: on doit distinguer tout autant de sortes de prononciations.

CHAPITRE V.

Quel Jeu méchanique des Organes doit avoir lieu pour les différentes espèces de Prononciations que nous avons indiquées.

LA force des mouvemens que j'ai prescrits pour la génération des lettres, peut croître, & alors la prononciation deviendra plus dure : la douceur de ces mêmes mouvemens peut augmenter, & la prononciation deviendra plus douce : ils peuvent être ni doux ni forts, & déterminés à une juste médiocrité, & la prononciation sera naturelle : l'air vibré par le mouvement des Organes, peut être plus ou moins retenu dans la bouche,

& la prononciation fera plus ou moins obscure : on peut laisser à ce même air une sortie plus ou moins libre , & donner au jeu des Organes plus ou moins de développement, & la prononciation fera plus ou moins claire: Je viens d'établir les principes d'un Traité entier sur la prononciation propre au Chant : la déclamation de la Chaire, celle du Bareau,& celle du Théatre, font encore du ressort de ces mêmes principes.

CHAPITRE VI.

Quand est-ce qu'on doit faire usage des différentes sortes de Prononciations ?

C'EST au caractère des paroles de décider l'usage qu'on doit faire des différentes sortes de prononciations : ce caractère est déterminé par la nature des objets que les paroles représentent : elles peuvent être signes d'objets sérieux, terribles ou tristes, d'objets frivoles, aimables, gais ou indifférens, d'objets qui deviennent, par exemple, plus tristes ou plus gais par degrés, d'objets terribles qui succedent à des objets aimables : les paroles peuvent exprimer des objets analogues entr'eux, des objets qui
ont

ont les airs des objets opposés. Dans toutes ces suppositions différentes, la prononciation doit varier.

Il faut que la prononciation soit dure & obscure lorsque les paroles représentent des bruits terribles : on ne sçauroit appuyer trop fortement sur la prononciation, & lui donner trop d'obscurité dans cet endroit de la Cantate de Circé (1), où le Poëte peint les effroyables effets des enchantemens de cette célébre Magicienne.

> La Terre tremblante
> Frémit de terreur :
> L'Onde turbulante
> Mugit de fureur ;
> La Lune sanglante.
> Recule d'horreur.

(1) Les paroles sont de Rousseau, & la Musique de M. de Blamont.

On doit imprimer un caractère de dureté & d'obſcurité à la prononciation dans tous les endroits ſérieux, & toutes les fois que les paroles expriment des paſſions terribles ; comme quand il eſt queſtion de diſcours d'un grand Prêtre, d'oracles d'une Divinité, de jalouſie d'un Cyclope, du déſeſpoir d'Armide, du courroux de Neptune, de la fureur des Démons, qui dans Caſtor & Pollux, pour effrayer ce dernier, qui va chercher ſon frere aux Enfers, exhalent ainſi leur rage (1).

Briſons tous nos fers.
Ebranlons la terre,
Embrâſons les airs :

(1) Les paroles de cet Opéra ſont de M. Bernard, & la Muſique de M. Rameau.

Qu'au feu du tonnerre
Le feu des Enfers
Déclare la guerre.

La prononciation doit être extrêmement obscure, c'est-à-dire étouffée dans le pathétique larmoyant, comme dans ces vers tirés du commencement de la Cantate de Circé (1) : cette Princesse tient les yeux fixés sur les flots, elle croit voir encore la trace du vaisseau d'Ulysse qui la fuit : elle fait parler ainsi sa douleur & son amour à ce volage Héros.

Cruel, Auteur des troubles de mon ame,
Que la pitié retarde un peu tes pas;
Tourne un moment les yeux sur ces climats,
Et si ce n'est pour partager ma flâme,
Reviens du moins pour hâter mon trépas.

(1) Les paroles sont de Rousseau, & la Musique de M. de Blamont.

Des paroles destinées à peindre des bruits gracieux, comme le murmure d'un ruisseau, ou le chant des oiseaux, &c. doivent être prononcées d'une maniere douce & claire. On ne sçauroit rendre avec trop de douceur & de clarté dans la prononciation les vers de la Cantate de Céphale (1), que l'Aurore après avoir surpris son Amant dans les bras du sommeil, adresse aux ruisseaux, aux oiseaux, & aux zéphirs.

Vous qui parcourés cette plaine,
Ruisseaux, coulez plus lentement,
Oiseaux, chantez plus doucement,
Zéphirs, retenez votre haleine.

Il faut prononcer avec douceur & clarté les paroles qui expriment les

_____
(1) Les paroles sont de Rousseau, & la Musique de Baptistain.

passions tranquilles, tendres & aimables : c'est pourquoi les Ariettes, les Brunettes, & les Vaudevilles, & tous les morceaux badins, tendres & galans ressortent du domaine de la prononciation douce & claire. Elle doit avoir sur-tout lieu dans les vers (1) que Renaud chante à Armide dans la première Scène du cinquiéme Acte : cette Princesse veut s'éloigner pour quelques instans, afin d'aller prévenir les malheurs qu'elle appréhende ; elle fait part à son Amant des sujets de ses frayeurs. Elle lui dit qu'elle craint que la gloire & le devoir ne viennent traverser leurs amours : celui-ci répond tendrement.

(1) Les paroles sont de Quinault, & la Musique de Lully.

J'en suis plus amoureux, plus la raison m'éclaire;
Vous aimer, belle Armide, est mon premier
 devoir :
Je fais ma gloire de vous plaire,
Et tout mon bonheur de vous voir.

Les paroles qui n'ont point de caractère marqué, c'est-à-dire qui signifient des choses indifférentes, n'exigent qu'une prononciation naturelle : cette régle s'étend à presque tous les vers destinés à préparer les Scènes, ou à les lier entr'elles, comme ceux-ci de l'Opéra de Cadmus (1).

Cadmus veut essayer de rendre Mars propice,
C'est ici, qu'il prétend offrir un sacrifice.

Quand les paroles représentent les divers degrés d'accroissement d'une

(1) Les paroles sont de Quinault, & la Musique de Lully.

passion, la prononciation doit devenir plus dure, ou plus douce, plus obscure, ou plus claire par degrés : quand elles expriment le passage d'une passion à une autre opposée, comme de la tristesse à la joye, une prononciation douce & claire doit succéder à une prononciation dure & obscure : quand les paroles peignent le passage d'une passion à une autre passion analogue, par exemple, de l'amitié à l'amour, on doit adoucir & éclaircir par degrés presqu'insensibles la prononciation; quand elles repréfentent une passion qui a les airs d'une autre passion, comme un espoir inquiet, il doit regner dans la prononciation un certain mélange de dureté, & de douceur, d'obscurité, & de clarté.

Une personne éclairée saisit toutes ces nuances, ces différences, & ces gradations, & elle les fait sentir dans la prononciation, tandis qu'elles échappent à un Chanteur médiocre : c'est pourquoi l'on peut, dire que les Arts divers ont leurs mysteres, & qu'ils n'en révélent la parfaite connoissance qu'à peu de gens.

CHAPITRE VII.

Avantages qui résultent des différentes Prononciations.

LEs diverses prononciations sont très-propres à exprimer vivement certains bruits, ou certaines passions qu'elles se proposent d'imiter ; elles peignent avec vigueur & énergie les plus grandes paſſions; elles ſçavent préſenter aux oreilles, aux eſprits & aux cœurs le tableau des paſſions les plus tendres & les plus aimables : elles ſont dans le Chant ce que les couleurs ſont dans la peinture: enfin, elles ſont la ſource d'une infinité de plaiſirs qui ont leurs racines dans l'imitation de la Nature.

CHAPITRE VIII.

Doute ſur les effets de la belle Prononciation, par rapport à l'harmonie de la Langue Françoiſe.

NOus avons juſqu'à preſent enviſagé la prononciation dans le Chant, comme imitation, nous l'allons confidérer fous les rapports qu'elle a avec l'harmonie de notre langue.

La plûpart de nos expreffions font terminées par des *e* muets, ou par des confonnes, dont quelques-unes font nazales : il n'eft pas poffible que l'oreille n'en foit infiniment offenfée. A l'aide de la prononciation ne pourroit-on pas corriger ces défauts, tirer un grand avantage des voyelles qui entrent dans la formation des mots, & par-là même ajouter beaucoup à l'harmonie de la Langue Françoife.

CHAPITRE IX.

Nouvelle Ortographe raisonnée pour désigner dans le Chant certaines Prononciations favorables à l'harmonie de notre Langue.

CE n'est qu'après bien des Observations & des Expériences qu'entraîné par le poids des raisons les plus fortes, puisées dans une étude profonde de notre langue, & tirées de la nature du Chant, & de celle du sentiment, que je me suis hazardé à mettre au jour une nouvelle Ortographe. Heureux, si je pouvois perfectionner par-là un des Arts le plus enchanteur.

Comme la plus noble partie des

lettres qui composent l'alphabet, sont les voyelles; j'ai sur-tout réfléchi sur la manière d'en prononcer certaines, soit qu'elles soient placées devant & après les consonnes, au milieu ou à la fin des mots.

Je prescrirai des régles pour la prononciation de l'*e* muet, & de certaines syllabes; j'enseignerai comment il faut prononcer les voyelles devant les consonnes nazales, devant les palatalles mouillées, & dans les terminaisons masculines: les raisons qui m'ont conduit à la découverte de ces régles les précéderont.

L'*e* muet naturellement opposé à l'harmonie de notre langue, & par-là même au beau Chant, ne rend qu'un Son sourd: c'est pourquoi la Prosodie Françoise qui n'exige qu'une syllabe pour la rime masculine, en exige deux pour la féminine : les Amateurs, & les gens à talens ne sçauroient exécuter un agrément sur l'*e* muet ; aussi la plûpart changent-ils en chantant l'*e* muet en *o*, sorte de métamorphose ignoble, & qui ne peut que choquer les graces du Chant. On corrigera cet abus en prononçant dans tous les cas les *e* muets, comme la diphtongue *eu* de manière que l'*u* ne soit pas bien décidé, & qu'il ne soit qu'un demi *u*; exemples tirés de la Cantate d'Adonis (1).

<blockquote>
Voulez-vous dans vos feux
Trouver des biens durableus,
</blockquote>

(1) Les paroles sont de Rousseau, & la Musique de Bernier.

Soyez moins amoureux,
De*u*veu*n*ez plus aimable*us*,
Que*u* le*u* foin de charmer
Soit vôtre unique affaire*u*,
Songez que*u* l'Art d'aimer
N'eft que*u* ce*u*lui de*u* plaire*u*.

Cette découverte eft d'autant plus belle qu'elle eft plus fimple ; puifque la prononciation de la diphtongue *eu*, n'eft que la prononciation de l'*e* muet prolongée. Cette régle eft une fource d'où jailliffent bien des agrémens.

La Mufique s'éléve quelquefois tout d'un coup, & d'autres fois par degrés des Sons les plus bas aux plus élevés. Auffi elle a de fa nature une efpèce de mobilité qu'elle communique aux paroles, auxquelles elle eft appliquée. C'eft pourquoi l'on doit exagérer dans le Chant la prononciation en général,

& en particulier celle de certaines syllabes, lorsque de cette exagération il doit naître des Sons moëlleux & harmonieux. Ainsi il faut prononcer *foi*, *loi*, *Roi*, &c. comme s'il étoit écrit *foua*, *loua*, *Roua*, &c. (1) Des exemples répandront de nouveaux jours sur cette matière; on doit prononcer selon cette regle les vers suivans qu'un Prêtre d'Higie (2) adresse aux Romains accourus au Temple de cette Déesse, pour l'implorer en faveur d'Auguste.

> Vous n'avez pas besoin d'invoquer la vi&ctouare,
> Il la tient soumis à ses lou*ax*,

(1) On m'objectera que j'ajoute une syllabe à ces mots : je réponds que cet inconvénient a lieu dans la prononciation ordinaire.
(1) Scène II. des Augustales, divertissement, les paroles sont de M. Roi, la Musique de MM. Rebel & Francœur.

Son bras des Souverains venge & soutient les drouats,
Sur ses traces vole la glouare :
Minerve conduit ses explouats,
Apollon s'est chargé du soin de sa mémouare.

Je vais donner des régles pour la prononciation des voyelles devant les consonnes nazales, devant les palatalles mouillées, & dans toutes les terminaisons masculines.

Les voyelles rendent des Sons extrêmement simples, qui sont presque tous produits par les mouvemens du gosier : on doit les regarder comme les expressions de la Nature, aussi sont-elles communes à toutes les langues. On ne sçauroit donc trop les faire sentir dans le Chant, sur-tout, lorsqu'il y a quelqu'agrément placé sur elles :

elles : les régles suivantes coulent d'elles-mêmes du principe que nous venons de poser.

PREMIERE RÉGLE.

Toutes les fois que la lettre *o* précéde une consonne nazale, & qu'il faut exécuter quelqu'agrément sur la syllabe ou cette première lettre se trouve, on doit faire tomber le repos non sur la consonne ou la syllabe, mais sur l'*o* : observez qu'il doit être un peu obscur ; je veux dire participer des consonnes qui le suivent : il ne faut faire bien sentir ces dernières, qu'en terminant l'agrément ou en quittant le Son.

Exemples pour les Roulades, les Sons soutenus ou enflés, & les Cadences.

Le Ciel (1), la Terre & l'O.... nde
Adorent l'Amour,
Sa flamme est le flambeau du mo.... nde.

Comme les *m* sont des lettres nazales, quand il se trouvera un *o* devant ces premières, & qu'il y aura un agrément placé dessus, on doit observer la régle précédente; ainsi il faut prononcer *o... mbre, trio...m- phe*, mais dans la déclamation du récitatif, il faut prononcer à l'ordinaire comme s'il étoit écrit trio*u*mphe, l'o*u*nde, &c.

SECONDE RÉGLE.

On doit prononcer, *moins, soins,*

(1) Fêtes de Polimnie.

loin, &c. comme s'il étoit écrit mou*é*ns, sou*é*ns, lou*é*n, &c. Lorsqu'il y a quelqu'agrément placé sur ces monosyllabes, il faut tellement ménager le repos sur l'*e* ouvert, qu'il soit bien marqué. Des exemples rendront cette régle sensible.

Un tendre amour ne plaît pas mou*ê*...ns
Lorsqu'il tourmente,
Plus un plaisir coûte de sou*ê*....ns,
Plus il enchante (1).

La régle précédente a encore lieu pour les voyelles placées devant les consonnes palatalles mouillées, quand même il n'y auroit point d'agrémens à faire sur les premières, comme dans sommê....il, parê..il, &c.

(1) Amadis, Acte III. Scène V.

TROISIÉME RÉGLE.

Il faut ménager un repos sur toutes les voyelles placées à la fin des mots, qui ont des terminaisons masculines : il ne faut faire sentir dans la prononciation les consonnes, qu'en finissant le Son des voyelles qui les précédent.

Exemples.

Le tendre Amour, dans les Cieux, sur la te...rre
Toujours vainqueur, nous fait chérir ses trai...ts,
Tout, jusqu'au Dieu qui lance le Tonne...rre,
Fait son bonheur d'en goûter les attrai...ts,
  Sa douce fla...mme
  Fut toujours l'a....me
  Des tendres soupi..rs.
  Ce Dieu rappe...lle
  Nos premiers desirs,
  Et renouve...lle
  Nos derniers plaisi...rs (1).

(1) Isbé, Acte I. Scène III.

On pourra avec bien des reſtrictions étendre l'application de mes Régles à la déclamation de la Chaire, du Bareau, & du Théatre : ce Chapitre contient des découvertes trop importantes pour ne point eſſuyer bien des critiques.

J'aurois envain appris à mes Lecteurs à donner dans le Chant de l'ame & de l'harmonie aux paroles, ſi je ne leur enſeignoit celui de les rendre bien ſenſibles aux oreilles par l'articulation.

CHAPITRE X.

Définition de l'Articulation.

L'Articulation n'est que l'Art de bien faire sentir en chantant les lettres & les syllabes de chaque mot, ou ce qui est le même, elle n'est que l'Art de finir avec une certaine force & précision les mouvemens des Organes qui donnent la génération des lettres : on peut dire en général qu'on ne doit point précipiter ces sortes de mouvemens, mais leur donner le tems de cesser par des oscillations insensibles : par ce moyen, les Sons ne seront point confondus, & les Chanteurs ne se fatigueront pas : car un mouvement fort lent comparé à un mouvement rapide, doit être regardé comme un repos.

Il me semble qu'il y a bien des différences à démêler entre l'articulation & la prononciation : l'une a pour objet la mesure des lettres & leurs qualités; l'autre n'a pour objet que les lettres elles-mêmes; l'une se propose de charmer les oreilles, & de peindre aux esprits par des Sons heureusement modifiés; l'autre ne prétend offrir aux premières, que des Sons nets & distincts, forts ou foibles; aussi son champ est moins vaste.

CHAPITRE XI.

Régles générales sur l'Articulation.

L'ARTICULATION doit être exagérée dans le Chant pour les raisons que nous avons exposées dans les Chapitres précédens : de plus, elle doit être plus ou moins éxagérée dans certains cas, & il y a des régles sûres pour déterminer ces degrés : elles sont tirées de la distance où les Chanteurs sont des Auditeurs : si l'on est à une grande distance de ces derniers, comme les Acteurs qui chantent au Théatre, l'articulation doit être considerablement exagerée ; si l'on est à une petite distance, comme ceux qui chantent dans les Concerts, l'on doit beaucoup moins exagérer son articulation; si l'on est près d'une personne pour qui l'on chante, il faut très-peu exagérer son articulation.

CHAPITRE XII.

Régle importante.

LEs personnes émues par quelque passion, doublent, ou ce qui est le même, préparent ou retiennent ordinairement les lettres dans l'articulation, soit que le sentiment veüille se peindre non-seulement dans chaque mot, dans chaque syllabe, mais encore dans chaque lettre : soit qu'il regne alors un certain trouble dans les Organes, qui fait que les mouvemens d'où résulte la prononciation des lettres, persévére trop long-tems, seul & vrai moyen de rendre deux fois le son d'une lettre.

Dans les passions violentes, il regne un trouble extrême & une grande agitation dans nos Organes : c'est pourquoi la continuation des mouvemens dont nous venons de parler, sera cause que les lettres seront alors doublées fortement : dans les passions tranquilles, il ne regne que peu de trouble dans nos Organes ; aussi la persévérance de ces mêmes mouvemens fera que les lettres seront doublées foiblement. De ces principes, on peut déduire cette régle :

On doit doubler les lettres dans tous les endroits marqués au coin de la passion.

Cette régle admet bien des modifications : pour jouir de tous ses avantages, on doit réunir toutes les loix que j'ai prescrites sur la prononciation. Des exemples vont donner à cette matière un développement convenable.

Il est bon de prévenir que quand les Maîtres de Chant copient de la musique pour leurs Ecoliers, il seroit à propos qu'ils écrivissent deux fois les lettres qu'il faut retenir, ensorte que comme on verra plus bas, les secondes lettres fussent au-dessus des premières, & qu'elles fussent plus ou moins grandes, selon qu'on doit les doubler avec plus ou moins de force.

On ne sçauroit trop s'attacher à doubler fortement les lettres, & à prononcer avec beaucoup de dureté & d'obscurité dans l'endroit que nous allons rapporter de l'Opera d'Armide (1) : cette Princesse qui lutte vainement contre l'Amour, qui s'oppose aux projets de vengeance qu'elle a formés contre Renaud, appelle à son secours la Haine, qui se rend à ses ordres & qui chante ces vers :

    c l'   l l d t
Plus on connoît l'amour, & plus on le déteste:
  r   f p f
Détruisons son pouvoir funeste ;
  r p n   e   f b
Rompons ses nœuds, déchirons son bandeau,
  r f r t   f
Brulons ses traits, éteignons son flambeau.

(1) Scène III. Acte III.

DU CHANT.

Il faut doubler les lettres foiblement, & ne se permettre qu'une prononciation douce & claire dans les vers que l'Amour adresse à Psyché, qui vient de lui peindre les embarras d'une flamme ingénue & naissante.

    r c   x r
J'éprouve comme vous un embarras extrême,
    d v r n s   c
De quelle vive ardeur ne suis-je pas touché ?
      c   c d   c
Que de choses à dire ? & cependant, Psyché,
 c d j   q   v
Cependant, je ne puis que dire, je vous aime.

La Musette pleine de finesse & de naturel que chante un Berger Egyptien dans les Fêtes de l'Hymen (1), & de l'Amour, demande qu'on double les lettres avec foiblesse, & qu'on prononce avec douceur & clarté.

(1) Scène VI. Acte II.

    g f   l'
  Ma Bergere fuyoit l'amour,

  m   c   m
  Mais elle écoutoit ma mufette,

  m   c
  Ma bouche difcrette

       l   f
  Pour ma flamme parfaite

  n   d   d
  N'ofoit demander du retour:

  m g   l'
  Ma Bergere auroit craint l'amour,

  m   f l m
  Mais je fis parler ma mufette,

  f   t   c
  Ses fons plus tendres chaque jour

  p   m rd f
  Lui peignoient mon ardeur fecrette,

   m   c
  Si ma bouche étoit muette,

  m   l   f   d
  Mes yeux s'expliquoient fans détour,

    g c l'
  Ma Bergére écouta l'amour,

    c   m
  Croyant écouter ma mufette.

Je borne ici mes citations ; il me fuffit de dire que la régle que j'ai éta-

blie s'étend presqu'à tous les genres de Chant ; que dans l'Art de préparer différemment les lettres selon que les passions croissent ou varient, il y a bien des nuances & des différences à distinguer ; je me dispenserai de remarquer les unes, & de déterminer les autres : je me reposerai de ce soin sur la délicatesse de sentiment & sur la sagacité de mon Lecteur.

CHAPITRE XIII.

Utilité de la Régle précédente.

JE viens de mettre dans les mains des Maîtres de Chant les moyens d'animer les sujets les plus insensibles, & de faire passer dans la bouche de ceux-ci des sentimens qui ne sçauroient être dans leur cœur.

J'ai réussi en faisant pratiquer la Régle que j'ai prescrite à donner dans le Chant des airs de haine & de désespoir, à des gens faits pour les ignorer, à donner des airs d'amour à des personnes chez qui il n'avoit pas eu le tems de naître, enfin à donner à bien des gens les airs des passions qui étoient les plus étrangeres pour eux.

Il est étonnant qu'à Rome & à Athènes, où l'éloquence présidoit aux affaires particulières & publiques, où elle armoit & désarmoit les Citoyens, où elle déterminoit l'élection des Magistrats, & des Généraux d'armée; il est étonnant, dis-je, que dans les Villes où les esprits avoient les plus puissans

puiſſans intérêts de porter l'éloquence, & par-là même la déclamation; à ſon dernier période de perfection, on n'y ait point connu l'Art de doubler les lettres (1), Art qui eſt l'ame de la déclamation ainſi que du Chant.

CHAPITRE XIV.

Qu'on varie le jeu des Organes autant que l'exige la meſure & les qualités des lettres, & le caractère des paroles, & l'on pratiquera les Régles de la Prononciation & de l'Articulation conſidérée par rapport au Chant.

LE Chant n'étant, comme je l'ai déja obſervé, qu'une déclamation plus embellie que la déclamation

(1) Les Auteurs Latins & Grecs qui ont écrit ſur

H

ordinaire, on doit varier le jeu des Organes suivant que le demande la mesure des lettres, on comprend qu'il doit aussi arriver du changement dans ce jeu, quand il faut donner aux lettres les qualités qui leur sont propres. Comme la prononciation dans le Chant peut être envisagée comme une espèce d'imitation des choses dont les paroles sont signes, elle doit varier selon le caractère de ces dernieres.

De plus, comme le Chant n'est, ainsi que je l'ai dit, que l'harmonie rendue sensible aux oreilles, l'objet de la prononciation qui lui est parti-culière n'est pas seulement de peindre

---

la déclamation, ne nous apprennent point que cette découverte eût été faite.

à l'esprit, mais encore de flatter les oreilles : c'est pourquoi elle doit s'appliquer à donner de la substance à certaines syllabes qui rendent des Sons moëlleux & harmonieux.

Les voyelles étant pour toutes les langues une source d'harmonie, on ne sçauroit trop les faire sentir dans la prononciation ; de ce principe suivent bien des Régles particulières.

On observeroit envain toutes les régles que j'ai indiquées, si on négligeoit celle qui veut qu'on rende sensibles toutes les lettres, toutes les syllabes & tous les mots : cette derniere est du ressort de l'articulation : elle prescrit des mouvemens d'Organes, qui doivent être plus ou moins forts en proportion de la distance où les

Chanteurs sont des Auditeurs : elle ordonne de plus, que ces mouvemens soient plus ou moins continués selon le caractère des paroles : cette derniere régle ne doit jamais avoir lieu, qu'on ne pratique en mêmetems toutes les loix que j'ai établies sur la prononciation : aussi est-elle un ressort capable de faire naître dans l'ame des Auditeurs toutes les passions. Si un Chanteur sçait garder toutes les Régles dont je viens de faire mention, il n'est pas possible qu'il ne peigne vivement à l'ame les objets, qu'il ne flatte & qu'il ne frappe heureusement les oreilles, & qu'ainsi il n'atteigne toutes les fins que se proposent la prononciation & l'articulation.

TROISIÉME PARTIE.
La perfection du Chant.

DIVISION DE LA TROISIÉME PARTIE.

LA perfection de l'Art du Chant doit naturellement réunir toutes les branches de cet Art, ou plutôt elle n'est que la réunion de ces branches : comme plusieurs d'entr'elles doivent naturellement avoir leur place en différens endroits de ce Traité ; je n'embrasserai ici que les principales, telles que sont la justesse d'intonation, la liaison des Sons en général, l'usage des Sons à caractère, les agrémens de l'action propre au Chant: enfin, je tracerai l'idée de la perfection de ce dernier, & je mettrai la Pratique près de la Théorie.

CHAPITRE PREMIER.

Comment est-ce que les personnes qui ont l'oreille paresseuse & même fausse, pourront parvenir à chanter avec une grande justesse d'intonation.

L'Art de faire monter ou descendre sa voix autant que le demandent les différens tons, n'est autre chose que la justesse d'intonation : on doit la regarder comme une des premières qualités du Chant, puisqu'elle conserve à la Musique son essence, qui confifte dans de certaines proportions ménagées entre les Sons graves & les Sons aigus.

Avoir l'oreille fauffe, c'eft fe croire la qualité dont nous venons de parler, quoiqu'on en foit privé : on voit qu'il eft de la nature de ce défaut de fe cacher à ceux dans qui on le remarque ; c'eft pourquoi on ne fçauroit s'en corriger par fes feules réflexions.

On doit avoir foin de chanter d'abord feul devant des Maîtres habiles, & après de fe laiffer conduire par leur Voix : on s'accoutumera à paffer fucceffivement des premiers tons aux derniers : on pourra dans la fuite s'élever de la premiere notte à la tierce, à la fixte, &c. L'on pourra auffi defcendre des tons les plus-hauts aux plus bas : il eſt eſſentiel de ſe faire conduire lorſqu'on exécute des agrémens, & ſur-tout lorſqu'il eſt queſtion de battre des cadences pour corriger le vice des martellemens trop hauts ou trop bas.

Par ces moyens, un Chanteur s'appercevra que l'excès de hauteur où ſa Voix monte, ou que ſon excès d'abaiſſement pour chaque ton eſt juſtement la meſure du faux de ſon oreille : il jugera des vrais degrés des tons par ceux que ſon Maître forme : enfin, ſon oreille s'accoutumera à n'en admettre que de convenables.

CHAPITRE II.

Quelle doit être la liaison des Sons en général.

IL y auroit bien des Obfervations à faire fur la liaifon des Sons : je me contenterai de dire qu'à mefure que les Sons font plus forts, leurs liens doivent l'être davantage, autrement ils ne feroient pas fenfibles : qu'à proportion que les Sons font plus foibles, leurs liens doivent être plus minces, (fi je puis m'exprimer de la forte,) fans quoi ils feroient autant, ou même plus confidérables que les Sons principaux, ce qui feroit contre la nature de ces premiers (1) : ces

(1) Voy Chap. VI. premiere Partie.

Régles font fufceptibles d'un grand nombre de modifications : elles doivent avoir lieu dans la prononciation pour la liaifon des lettres, des fyllabes & des mots.

CHAPITRE III.

Circonftances où l'on doit faire ufage des Sons à caractère.

LE caractère des paroles doit décider l'ufage qu'on doit faire des Sons dont il s'agit : on doit fuivre à cet égard les Régles que j'ai prefcrites pour les différentes efpèces de prononciation dans la feconde Partie (1) : fi l'on fçait faire avec difcernement &

―――――――――
(1) Voy. Chap. VII.

goût l'application de ces Régles, on pourra réuſſir à rendre dans le Chant tous les degrés des paſſions & leur caractère particulier ; ainſi que celui des perſonnages qu'on repréſente, enſorte que les Auditeurs pourront juger par le ſeul ſon de la Voix, ſi c'eſt un Héros ou un Berger, un Roi ou un Sujet, Minerve ou Junon, Neptune ou Jupiter qui chantent : on renouvellera dans le Chant les prodiges opérés ſur les anciens Théatres par les Pantomimes, qui, au rapport d'Appulée, (1) avoient porté ſi loin la perfection de leur Art, que dans une repréſentation du Jugement de Pâris, on diſtinguoit parfaitement les trois Déeſſes aux geſtes & aux attitudes des Actrices qui les repréſentoient.

(1) App. Lib. 10. Métam.

CHAPITRE IV.

Nombre des Agrémens & leur nature.

LEs Maîtres de Chant ne sçauroient trop faire remarquer à leurs Eléves les divers agrémens, & les définir avec trop de soin : les Ecoliers rendent avec bien plus de facilité & de précision les Sons qu'on a rendus sensibles à leur esprit & à leurs oreilles, que ceux qu'on a rendus sensibles qu'à celles-ci : Dans le premier cas, la pensée & l'imitation dirigent les Organes : dans le second, c'est l'imitation toute seule. Il est surprenant qu'on ne se soit point avisé jusqu'ici de déterminer le nombre des agrémens, & d'en expliquer la nature.

J'ose réduire les agrémens principaux au nombre de douze ; à sçavoir à quatre cadences, à une demi-cadence ou coup de gorge, à deux ports de Voix, à un accent, à un coulé, à un flatté ou balancé, & à deux Sons filés (1) : je pourrois distinguer plusieurs autres agrémens, mais moins essentiels & arbitraires : j'aurai recours à l'analyse pour faire connoître ceux que je viens de nommer.

La Cadence en général.

La cadence en général est un agrément qui se fait selon le majeur ou le mineur ; par deux martellemens placés à la distance l'un de l'autre, d'un

(1) Sorte d'Agrémens qu'on n'avoit point encore distingués.

ton ou d'un demi-ton : je vais dériver de cette définition celle des autres cadences.

Cadence Appuyée.

La cadence appuyée se forme par un Son soutenu majeur ou mineur, au-dessus de celui sur lequel on la doit battre, qui est toujours une notte empruntée : il faut dans tous les mouvemens égaux, comme à deux ou à quatre tems, &c. tenir le Son d'appui, la moitié de la valeur de la notte sur laquelle on doit battre la cadence, & un tiers dans les mouvemens inégaux : on doit avoir soin de détacher par une petite secousse de gosier en dehors la cadence de son appui. Il faut ménager des martellemens lents

& bien égaux, & les presser un peu afin de la terminer, & la fermer en tombant sur la notte finale, avant que de prononcer la derniere syllabe.

Cadence Précipitée.

Jettez le premier martellement sur la notte où l'on doit battre cette cadence : celle-ci doit être plus précipitée que la cadence appuyée, d'ailleurs elle se termine comme cette derniere.

Cadence Molle.

La cadence molle n'a jamais d'appui ; elle commence par des martellemens en-dedans battus très-lentement & mollement ; ensorte que le Son paroisse même sortir un peu de la poitrine. On la termine en laissant mourir la Voix par gradation.

Double Cadence.

Il faut dans la double cadence ménager un repos sur la notte sur laquelle on la doit faire : les martellemens doivent être d'abord un peu lourds, & pointés, & ensuite moins lourds & non-pointés : on doit la terminer par des martellemens plus vifs ou plus rapides que ceux de la cadence précipitée, en ajoutant toute fois la notte qui tombe de quinte sur la finale (1).

(1) On doit observer que cet Agrément se termine ainsi dans les morceaux de bas-dessus, comme dans ceux de mêmes mouvemens de basse-taille, de haute-contre, &c. Quand la double cadence se trouve dans le cours du Chant, on la finit sans tomber sur la quinte, & l'on en retranche les premiers martellemens lourds.

La

La Demi-Cadence ou le Coup de Gorge.

On commence la demi-cadence par un appui qui est toujours une notte d'emprunt : on enfle, & puis on diminue le son au-dessus de la notte où l'on doit former la demi-cadence, on y ménage des demi-martellemens qui constituent l'essence de cet agrément. On le termine quelquefois comme la cadence appuyée, mais avec beaucoup plus de douceur.

Port de Voix Entier.

Dans le port de Voix entier, les deux premières nottes sont sur le même degré, & la seconde est toujours une notte empruntée. On ne doit jamais oublier de finir le port de Voix entier par une notte plus élevée, qui doit être liée à la précédente par degrés conjoints : il faut soutenir, & même enfler plus ou moins le Son sur la derniere, selon le caractère du Chant.

Port de Voix Feint.

Le port de Voix feint se fait de la même manière que le port de Voix entier, avec ces différences qu'on soutient & qu'on enfle le Son sur la pénultiéme notte, qui est toujours une notte d'agrément, & qu'on escamotte moëlleusement (si je puis m'exprimer ainsi) la derniere qu'on doit regarder comme notte essentielle.

L'Accent.

L'accent est une petite infléxion de Voix qu'on fait du gosier, en caressant & manièrant la notte empruntée qui est au-dessus du Son qu'on a soutenu ou filé.

Le Coulé.

Pour former le coulé, il faut descendre par degrés conjoints, & ménager une petite infléxion de Voix très-douce.

Le Flatté ou le Balancé.

Le flatté exige une infléxion de Voix presqu'insensible : il exige de plus qu'on joigne très-rapidement deux nottes de bas en haut, en manièrant un peu le Son. On peut regarder cet agrément comme un quart de port de Voix.

Son Filé entier.

Le Son filé entier eſt un Son continué ſur le même degré : on le commence doux & en dedans, on l'étend juſqu'à ſon dernier période de volume, ſans cependant le crier ou le forcer : on le ramene enſuite inſenſiblement au point de douceur, d'où l'on étoit parti.

Son Demi-filé.

On doit conſidérer le Son demi-filé comme la moitié du Son filé entier. Ce premier s'éleve par degrés à ſon dernier période de volume, où il finit : ce période varie suivant le caractère du Chant.

CHAPITRE V.
Génération des Agrémens.

IL seroit infiniment à desirer qu'il fût possible de déterminer les mouvemens d'Organes qui donnent la génération des agrémens : une pareille analyse seroit d'un grand secours, pour rendre ces derniers avec une rare précision ; elle donneroit un heureux développement au système que j'ai embrassé sur la formation de la Voix : je ne craindrai point de tenter cette entreprise.

Avant que de l'exécuter, il convient de rappeller à mon Lecteur quelques principes que j'ai établis dans les Chapitres VI. & VII. de la premiere Partie de ce Traité, à sçavoir. 1°. *Que les divers degrés du mouvement du Larinx en haut ou en bas, sont signes des différens degrés de tension ou de relâchement des cordes vocales.* 2°. *Que la force ou la foiblesse de l'expiration sont le principal ressort d'où naissent les Sons forts ou foibles.* Il faut de plus remarquer que les agrémens ne sont qu'un certain assemblage des Sons aigus ou graves, forts ou foibles. Ces principes une fois posés, j'en vais déduire la génération des agrémens.

Cadence appuyée.

Dans la cadence appuyée, il faut faire monter le Larinx d'un degré ou d'un demi-degré ; on doit ménager son expiration de manière qu'elle acquierre succeffivement des forces égales : ainfi les lèvres de la glotte feront plus tendues d'un degré ou d'un demi-degré, & par conféquent le Son fera plus aigu en même proportion : de plus, les rubans fonores feront réduits à des vibrations qui deviendront plus profondes par degrés, & la force du Son augmentera par progreffions arithmétiques.

Dans les mouvemens égaux, la durée de l'expiration fur le point d'appui, doit répondre précifément à la moitié de la valeur de la notte, & au tiers dans les mouvemens inégaux. C'eft pourquoi le Son fera plus ou moins filé dans ces différens cas.

On aura soin de détacher la cadence de son appui par une petite secousse de gosier en dehors, d'abaisser, & d'élever alternativement le Larinx d'un degré, & d'expirer peu de tems pour chaque martellement : il arrivera que les cordes vocales passeront à divers états de tension & de relâchement, & que le Son s'élevera successivement du grave à l'aigu : comme les mêmes oscillations seront peu continuées, les Sons se succederont rapidement les uns aux autres, ensuite on expirera pendant un tems un peu considérable & égal sur les différens points d'élévation & d'abaissement du Larinx, & les martellemens seront lents & bien égaux : on abrégera par degrés la durée de son expiration, &

les martellemens deviendront plus rapides : enfin, on fera descendre le Larinx d'un degré, on expirera comme à deux tems, d'abord avec une certaine douceur, & après avec un peu de force, de sorte qu'une molle expiration aye cependant lieu dans l'intervalle des Sons : on voit qu'ils seront plus graves que les précédens, qu'ils seront liés, & que le pénultiéme aura moins de force que le dernier.

Cadence Précipitée.

La cadence précipitée demande qu'on fasse monter & descendre successivement le Larinx d'un degré, & qu'on expire moins de tems pour les martellemens à mesure qu'on approche des derniers : on comprend que la succession des Sons deviendra continuellement plus précipitée ; on doit terminer cet agrément comme le précédent.

Cadence Molle.

L'élévation & l'abaissement alternatif du Larinx doivent avoir lieu : il faut de plus expirer long-tems & mollement pour chaque Son, & les retenir dans la bouche : ainsi les martellemens seront battus avec douceur, & lentement : le Son sera un peu étouffé, & paroîtra même sortir un peu de la poitrine : à la fin de cet agrément, l'expiration doit devenir successivement plus foible d'un degré : les lèvres de la glotte seront déterminées à des oscillations, à des demi-oscillations, & à des frémissemens insensibles, & la Voix mourra par degrés.

Double Cadence.

Expirez quelque tems & avec le même degré de force, le Larinx demeurant immobile ; par-là vous formerez un Son continué, & vous ménagerez un repos : vous ferez ensuite monter & descendre alternativement le Larinx d'un degré ; ayez soin que votre expiration sur les Sons soit forte, brusque & continuée quelque-tems : on comprend que les vibrations seront profondes, un peu interrompues, & qu'elles auront de plus une certaine durée, & que par ce moyen les martellemens seront lourds : n'expirez point dans leur intervalle, & ils feront pointés : vous abregerez enfuite la durée de l'expiration pour les divers Sons : vous diminuerez fa force d'un degré à chaque inftant, & les martellemens deviendront plus rapides : vous expirerez quelque-tems là où vous aurez fini le dernier, vous abaifferez le Larinx de cinq degrés, & vous expirerez auffi pendant un peu de tems à ce dernier terme.

La Demi-Cadence ou le Coup de gorge.

La demi cadence exige qu'on éleve le Larinx d'un degré & que l'expiration fe faffe, de forte qu'elle devienne plus forte, & enfuite plus foible par degrés : ainfi les ofcillations des rubans fonores acquerront, & enfuite perdront l'étendue, & la force du Son croîtra & puis diminuera à proportion : pour terminer cet agrément il faut menager avec le secours de mes principes deux ou trois demi-martellemens : il est à propos de remarquer que le coup de gorge se termine quelquefois comme la cadence appuyée ; mais avec beaucoup plus de douceur.

Port de Voix entier.

On doit avoir soin de fixer le Larinx au même degré de hauteur ou d'abaissement pendant les deux premières nottes : par ce moyen, les cordes vocales seront également tendues, & les Sons également aigus ou graves : il faut à la fin de la seconde notte faire monter le Larinx d'un degré, & expirer avec une certaine douceur dans l'intervalle de ces deux nottes ; d'où il arrivera 1°. Que les rubans sonores seront plus tendus d'un degré, & que par conséquent le Son sera plus aigu d'un degré : 2°. Que dans l'intervalle de ces deux nottes, les lèvres de la glotte seront déterminées à des oscillations moindres que les précédentes, & que par-là ces deux nottes seront liées l'une à l'autre : on doit ménager sur la derniere son expiration, ensorte que la force de celle-ci croisse par degrés : ainsi les vibrations des cordes vocales deviendront plus profondes par degrés, & le Son acquerra successivement de nouveaux degrés de force.

Port de Voix feint.

Tenez, comme dans l'agrément précédent, le Larinx dans un état de repos pendant les deux premières nottes : expirez ſur la ſeconde, de manière que la vîteſſe de l'air intérieur croiſſe par degrés : quand le Son aura atteint ſon dernier période de volume, vous éleverez le Larinx d'un degré en menageant une douce inſpiration, pour joindre la pénultiéme à la derniere notte : vous expirerez mollement ſur celle-ci, pour que les rubans ſonores ſoient réduits à des vibrations preſqu'inſenſibles, & que le Son ſoit maniéré.

L'Accent.

L'accent demande qu'après avoir

soutenu ou enflé le Son, l'on fasse monter le Larinx d'un degré ou d'un demi-degré, & qu'on fasse sortir l'air intérieur par les lèvres de la glotte avec une douceur extrême, afin de caresser le Son de la derniere notte.

Le Coulé.

Dans le coulé, on doit abaisser le Larinx d'un degré : il faut expirer doucement dans l'intervalle des deux nottes, & un peu mollement sur la dernière.

Le Flatté ou le Balancé.

Après avoir rendu la notte principale, ayez soin de faire monter le Larinx d'un quart de degré, & expirez mollement dans l'intervalle des deux nottes.

Sons Filés.

Le Larinx doit demeurer au même degré de hauteur ou d'abaiffement, pendant qu'on forme les agrémens : il faut que dans le Son filé entier, l'air intérieur acquierre à chaque inftant un nouveau degré de vîteffe : par-là, 1°. Les rubans fonores feront également tendus, & le ton ne pourra pas changer ; 2°. Les vibrations deviendront plus profondes par degrés, & le Son parviendra à fon période de volume : quand il l'aura atteint, on aura foin d'expirer de manière que l'air intérieur perde fucceffivement un degré de vîteffe : c'eft pourquoi l'étendue des vibrations diminuera fucceffivement, & l'on raménera le Son à son premier point de douceur. Il ne faut pratiquer pour le Son demi-filé que la moitié des Régles que je viens de donner.

Quoique je n'aye pas fait mention dans le Chapitre précédent de la roulade, soit parce qu'elle n'est point assujettie à des régles sûres ; soit parce qu'elle est désignée par des nottes, & que je n'ai prétendu distinguer & définir que les divers agrémens qu'on peut représenter par un seul signe : comme cependant la roulade est d'usage dans notre Chant, & qu'elle y répand bien des graces, j'en donnerai la génération.

La Roulade.

Dans la roulade, la voix monte

par degrés jusqu'à une certaine hauteur: ou bien elle descend jusqu'à une certaine profondeur: dans le premier cas, on élévera le Larinx d'un degré ou d'un demi degré à chaque instant: dans le second cas, on l'abaissera au contraire d'un degré ou d'un demi degré successivement: on comprend que dans ces diverses suppositions, les cordes vocales seront plus ou moins tendues, & que par conséquent leurs vibrations seront plus ou moins rapides, & donneront des Sons plus ou moins aigus que les derniers d'un degré ou d'un demi degré, sorte de Sons qui composent la roulade.

CHAPITRE VI.

Régle générale pour tous les Agrémens.

C'EST sur-tout au caractère des paroles de décider la durée, l'énergie ou la douceur, la vivacité ou la lenteur de tous les différens agrémens.

CHAPITRE VII.

Avantage des Agrémens bien exécutés.

LEs agrémens bien exécutés font dans le Chant, ce que les figures habilement employées font dans l'Eloquence : c'est par elles qu'un grand Orateur remue à son gré les cœurs, les pousse là où il veut, & qu'il y jette successivement toutes les passions : les agrémens produisent les mêmes effets dans le Chant. Pour peu qu'on réfléchisse sur leurs différens caractères de force, d'énergie, de douceur, d'amœnité & de tendresse, on sera forcé de convenir que dans la bouche d'un bon Chanteur, ils sont très-propres à affecter puissamment l'ame, qu'ôter au Chant ses agrémens, ce seroit lui ôter la plus belle partie de son Etre.

J'appelle de la vérité des réflexions que je viens de faire au jugement du sens intime : lorsque les agrémens sont parfaitement éxécutés, ils semblent emprunter des Organes & de l'Art de ceux qui chantent, un caractère d'harmonie & de paſſion : l'oreille eſt délicieuſement flattée, & le cœur violemment ému eſt entraîné dans des paſſions différentes, ou bien il paſſe à divers degrés de la même paſſion.

Que ces mêmes agrémens ſoient rendus par des Artiſtes médiocres, l'oreille en eſt offenſée, & le cœur n'en eſt point touché. C'eſt que dans ce dernier cas, les agrémens perdent une partie de leur vie, & toutes leurs graces dans la bouche des mauvais Chanteurs ; au lieu que dans le premier cas ils étoient préſentés tout entiers, & avec toutes les qualités qui leur ſont propres : il eſt reſervé aux eſprits fins & au ſentiment délicat, de démêler les nuances, dont je viens de parler : c'est pourquoi l'on auroit tort de définir un bon Chanteur, *un Etre qui a des poumons, un gosier, une bouche, & des oreilles bien organisées.* Il faut de plus qu'il pense & qu'il sente.

CHAPITRE VIII.

Qu'il seroit à souhaiter qu'on pût inventer des Signes pour représenter les divers Agrémens.

LA possibilité des signes dont il s'agit, seroit à desirer, soit à cause des inconvéniens auxquels on pareroit, soit à cause des avantages qui en résulteroient.

C'est d'abord un grand inconvénient, que de n'avoir que trois signes pour douze agrémens que j'ai distingués : on désigne par cette seule croix ✕ quatre cadences, on exprime par ce trait ⱮⱮ la demi cadence ; on représente les deux ports de Voix & le coulé par cette notte *l* : on n'a point de signe pour l'accent, le flatté ou balancé, & les Sons filés entiers & demi-filés.

Manquer de signes, est un inconvénient qui en doit entraîner bien d'autres. Il doit naturellement arriver que des personnes peu intelligentes ne sçachent point démêler des agrémens divers, représentés par le même signe, qu'elles se trompent au choix, qu'elles les assortissent mal aux paroles, ce qui ne peut que déparer les plus beaux Vers & la Musique la plus parfaite : il doit aussi arriver qu'on omette des agrémens, qui ne sont annoncés par aucun signe.

De plus, le nombre des signes étant insuffisant, les graces les plus séduisantes du Chant ne sçauroient passer sur le papier à l'aide de l'impression : aussi les agrémens qu'on avoit admirés dans l'exécution des plus beaux morceaux de Musique, ne sont guères connus que de quelques excellens Chanteurs, & sont perdus pour les gens de la Capitale qui ne fréquentent point les Spectacles, pour les Provinces, pour les Etrangers, & pour les siécles à venir.

Rendre les méprises impossibles par rapport au choix des agrémens, conserver tous ces derniers, faire passer dans les mains du Public François & dans celles des Etrangers, toutes les graces de notre Chant, dans un tems où la Musique vocale est un de nos principaux amusemens, dans un tems où nos chansons ont circulé dans toute l'Europe ; imprimer un caractère d'immortalité à des agrémens, tous les jours exposés à périr avec quelques fameux Chanteurs, seroit peut-être faire une découverte digne d'un Citoyen, qui s'efforce de multiplier les plaisirs de la Patrie.

La possibilité des signes des agrémens seroit donc à désirer, soit à cause des inconvéniens auxquels on pareroit, soit à cause des avantages qui en résulteroient.

CHAPITRE IX.

Signes des Agrémens.

ON ne peut trop donner de varieté à des signes destinés à représenter les agrémens : il ne faut donner à ces premiers qu'une juste étendue, afin qu'ils n'occupent pas un trop grand espace sur le papier, vû qu'il sera nécessaire d'en placer quelquefois plusieurs sur une même notte : on ne doit en imaginer que d'extrêmement simples, pour que les Copistes puissent aisément les tracer.

Les deux dernieres raisons que je viens d'indiquer, sont cause que je n'ai pas cherché des signes analogues aux agrémens, c'est-à-dire qui exprimassent les divers mouvemens du Son en haut, ou en bas qui ont lieu dans les agrémens; ces sortes de signes eussent d'abord paru plus philosophiques, mais l'eussent moins été dans le fonds.

J'ai été réduit à en employer d'arbitraires : j'ai eu recours à quelques lettres Grecques & Hébraïques : qu'on ne s'allarme point à ces noms. Je n'ai emprunté ces signes, que parce qu'ils m'ont paru peu composés; presque tous les autres sont de mon invention : j'ai pris l'Epsilon ε. le Psi ѱ, & le Tau τ des Grecs, le Caph כ & le Daleph ד des Hébreux.

Ce sera aux yeux de mes Lecteurs à juger si mes signes ont un caractère d'étendue, de variété & de simplicité convenables.

SIGNES POUR LES AGRÉMENS.

Pour la Cadence Appuyée.

✇.

Pour la Cadence précipitée ou jettée.

X.

Pour la Cadence Molle.

✠.

Pour la Double-Cadence.

✶.

Pour la Demi-Cadence ou le Coup de Gorge.

∿.

Pour le Port de Voix Entier (1).

V.

(1) Comme on ne fait jamais un port de Voix entier, non plus qu'une Cadence appuyée par degrés conjoints en montant, sans préparer ces agrémens par un Flatté, on doit se dispenser de marquer ce dernier dans l'un & l'autre cas.

Pour le Port de Voix Feint.

∧.

Pour l'Accent.

⊤.

Pour le Coulé.

ι.

Pour le Flatté ou Balancé.

ε.

Pour le Son Filé Entier.

ב.

Pour le Son Demi-Filé.

ר.

CHAPITRE X.

De l'Action propre au Chant.

L'Action en général, telle qu'on doit l'entendre ici, eſt l'Art de peindre les idées & le ſentiment des geſtes, par tout le maintien du corps, & ſur-tout par l'air du viſage. L'action dont il s'agit, eſt le même art appliqué aux paroles miſes en Muſique, auſſi le jeu des Acteurs qui chantent, doit varier autant que ces dernières, c'eſt-à-dire à l'infini. Leurs geſtes doivent être quelquefois terribles, d'autrefois ils ne doivent s'en permettre que d'agréables, ils doivent faire briller tantôt des graces fières, tantôt des graces ingénues, tantôt des graces férieufes, tantôt des graces enjouées, tantôt des graces vives & piquantes, & tantôt des graces négligées & tendres.

Le caractère des perfonnes & les circonftances où elles fe trouvent, doivent encore décider la nature des geftes dont on doit faire ufage.

Si Hercule, devenu la victime de la jaloufe vengeance de Déjanire, exprime en chantant fa rage & fes douleurs, que le Son de fa Voix foit dur & entrecoupé, que fes fourcils foient menaçans, que fes yeux étincellent, qu'on y life fa fureur contre Déjanire, fa paffion pour Iole, & les effroyables douleurs caufées par les flammes fecrettes qui le dévorent ; que l'air féroce & terrible de fa phifionomie,

que

que les mouvemens mâles & violens de ſes membres ; enfin, que toute ſa perſonne préſente aux yeux épouvantés Alcide furieux.

Si Paris Berger chante, & qu'il faſſe le premier aveu de ſes feux à la Nymphe Œnone ; ſon maintien doit avoir quelque choſe de naïf & de fin, de ſimple & de noble, d'empreſſé & de timide : il faut que l'amour & le reſpect, le déſir & l'inquiétude, l'eſpoir & la crainte ſe peignent dans ſes regards, ſur ſon viſage, & dans ſes manières qui doivent faire deviner que c'eſt un Berger Prince qui aime une Nymphe. Tout le monde comprend que le jeu d'un Chanteur doit être exageré au Théatre, & qu'il doit être beaucoup moins animé par tout ailleurs. On comprend auſſi que ce même jeu doit être beaucoup moins chargé que celui d'un ſimple Déclamateur : c'eſt que l'on inſiſte davantage ſur les penſées & les ſentimens, dans le Chant, que dans la déclamation ordinaire de la Tragédie ou de la Comédie.

Les différences de tempérament, d'âge & de dignité, produiſent des changemens ſans nombre dans le caractère des perſonnes : de plus, les circonſtances peuvent varier à chaque inſtant : on voit qu'un champ ſans bornes s'ouvre à mes réflexions, mais comme les Auteurs Grecs & Latins qui ont traité de cette matière, ne nous ont rien laiſſé à penſer & à imaginer, il me doit ſuffire d'avoir indique quelques-uns de leurs principes les plus importans.

CHAPITRE XI.

Qu'on peut réduire l'art principal du Chant à celui de chanter avec une grande justesse d'intonation, de lier les Sons les uns aux autres, de faire usage des Sons à caractère, de bien exécuter les agrémens, & de plier son action au Chant.

ON doit regarder comme Art principal du Chant, celui qui conduit le plus sûrement à la fin que celui-ci se propose, qui est de peindre.

On ne sçauroit ménager aux soins leurs degrés de grave & d'aigu, sans conserver au Chant des qualités qui tiennent d'aussi près à son essence, que les proportions tiennent à celle de la Peinture.

Lier les Sons les uns aux autres, en former un tout, fixer leur mobilité, & leur donner pour ainsi dire de la substance, approche fort de l'Art d'unir plusieurs couleurs, ensorte qu'il en résulte un bel ensemble : un Chanteur qui sçait habilement employer les Sons violens, entrecoupés, majestueux & étouffés, ou les Sons légers, tendres & maniérés, & exprimer ainsi toutes les passions, toutes leurs différences, tous leurs degrés & toutes leurs nuances, a droit de prétendre à la même réputation, qu'un Peintre qui excelle dans le coloris & dans l'expression; si ce premier sçait démêler les agrémens, s'il en connoît à fonds la nature, s'il les sçait bien exécuter & à propos, & leur donner la force & l'énergie, la douceur & l'amœnité qu'exigent leur nature, & les endroits où ils sont placés, ils seront pour lui des moyens sûrs de produire de violens effets dans l'ame des Auditeurs. Enfin, si ce même Chanteur réunit toutes les qualités dont nous avons parlé, il partagera la gloire d'un Peintre qui embrasse les principales branches de son Art, & qui les voit fleurir dans ses mains. On pourroit dire de l'action propre au Chant tout ce que je viens de dire des Sons : la fin des uns & de l'autre est la même; ce n'est que la manière d'y tendre qui est différente.

CHAPITRE XII.
ET DERNIER.

Idée de la perfection du Chant. Application de la Théorie à la Pratique.

ON ne sçauroit atteindre à la perfection du Chant, si l'on n'embrasse pas des idées systématiques tous mes principes & tous leurs corollaires : on ne sçauroit donc trop s'accoûtumer à saisir d'un coup d'œil toutes les régles, & à en deviner toutes les applications possibles ; à remonter jusqu'à l'origine de la Voix, à en dériver toutes les espèces de Sons; à se former des Régles sûres pour la prononciation envifagée comme principe d'imitation, ou bien comme principe d'harmonie, & à affortir aux divers caractères du Chant les tons de l'articulation, la juftefle d'intonation, l'Art de lier les Sons & d'en faire ufage, le fecret de peindre aux yeux par des geftes ce qu'on peint aux oreilles & à l'efprit, doivent être regardés comme autant de degrés par où on peut s'élever à la perfection du Chant.

Les Amateurs ne fçauroient trop approfondir les Principes femés dans le cours de cet Ouvrage : il eft très-important que les Maîtres de Chant s'en rendent l'ufage familier, ils doivent remonter dans leurs leçons jufqu'aux racines & aux élémens de leur

Art, & ne pas se contenter de crier inutilement, *allez, ferme, poussez, plus haut, plus bas, fort, doux, ouvrez bien la bouche*, &c. Ils doivent rendre sensibles les préceptes : c'est pourquoi, il est absolument nécessaire qu'ils ayent de la Voix pour diriger celle de leurs Ecoliers, afin de leur apprendre à exécuter avec aisance tous les différens agrémens, & surtout afin de les corriger de la paresse d'oreille : ils pourront par ces moyens prétendre aux plus brillans succès; je ne crains point de leur faire cette prédiction après bien des expériences qui l'autorisent.

Il m'est tombé entre les mains des Etrangers de différentes nations, & des plus mal organisés qu'il se puisse, j'ose dire qu'avec le double secours de l'exemple & du précepte, j'ai réussi à les faire chanter dans notre langue avec tant de précision, & même d'agrémens, que personne ne se fût avisé de les soupçonner étrangers.

Puissent les réflexions que j'ai hazardées, exciter tous les Chanteurs à réfléchir sérieusement sur l'Art du Chant ! puissent-ils arriver au degré de perfection où s'étoit élevé la Musique instrumentale des Grecs (1), qui allumoit dans les cœurs de ceuxci toutes les passions, qui faisoit passer successivement le courage, la fureur & la modération dans l'ame des combattans, & qui pour dire plus que tout cela, armoit & désarmoit

(1) Patricius, de la République, L. II. Tr. II.

à son gré Alexandre (1) : pour prétendre à des succès si merveilleux, on ne sçauroit trop s'attacher à pratiquer toutes les Régles semées dans le cours de cet Ouvrage : c'est pourquoi il ne sera pas hors de propos de rapprocher la théorie de la pratique, je veux dire de rapporter ici des morceaux de tous les genres de Chant, & d'indiquer briévement & d'une manière générale, dans quel goût ils doivent être chantés selon les principes que j'ai établis.

(1) Plutarque, dans le Traité de la fortune d'Alexandre.

F I N.

TABLE DE L'OUVRAGE.

Division de l'Ouvrage.   Page 1

PREMIÉRE PARTIE.

La Voix considerée par rapport au Chant.

CHAPITRE PREMIER.

Combien il est essentiel de connoître les Organes & la méchanique de la Voix.   2

CHAPITRE II.

Quels sont les Organes de la Voix.   6

CHAPITRE III.

De l'Inspiration & de l'Expiration.   9

CHAPITRE IV.

De la Formation de la Voix.   12

CHAPITRE V.

Génération des Sons primitifs de la Voix, & leur liaison entr'eux.   19

TABLE

CHAPITRE VI.

Usage de l'Inspiration, & en particulier de l'Expiration par rapport à la génération des Sons à caractère. 25

CHAPITRE VIII.

Usage de l'Inspiration & de l'Expiration, par rapport aux Agrémens. 32

CHAPITRE IX.

Corollaires qui suivent des Chapitres précédens. 36

CHAPITRE X.

Tout l'Art du Chant, envisagé précisément, eu égard à la Voix, consiste à faire monter & descendre à propos le Larinx, à bien inspirer & à bien expirer. 42

SECONDE PARTIE.

La Prononciation & l'Articulation envisagées eu égard au Chant.

Division de la seconde Partie. 47

CHAPITRE PREMIER.

Définition de la Prononciation. 48

DE L'OUVRAGE.
Chapitre II.
Qu'il est important de bien prononcer dans le Chant. 50

Chapitre III.
Génération des lettres, & leur liaison entre elles. 51

Chapitre IV.
Division des différentes sortes de Prononciation. 65

Chapitre V.
Quel Jeu méchanique des Organes doit avoir lieu pour les différentes espèces de Prononciations que nous avons indiquées. 66

Chapitre VI.
Quand est-ce qu'on doit faire usage des différentes sortes de Prononciations? 68

Chapitre VII.
Avantages qui résultent des différentes Prononciations. 76

Chapitre VIII.
Doute sur les effets de la belle Prononciation par rapport à l'harmonie de la Langue Françoise. 77

TABLE

CHAPITRE IX.
Nouvelle Orthographe raisonnée pour désigner dans le Chant certaines prononciations favorables à l'harmonie de notre Langue. 79

CHAPITRE X.
Définition de l'Articulation. 90

CHAPITRE XI.
Régles générales sur l'Articulation. 92

CHAPITRE XII.
Régle importante. 93

CHAPITRE XIII.
Utilité de la Régle précédente. 99

CHAPITRE XIV.
Qu'on varie le jeu des Organes autant que l'exige la mesure & les qualités des lettres & le caractere des paroles, & l'on pratiquera les Régles de la Prononciation & de l'Articulation considerées par rapport au Chant. 101

TROISIÉME PARTIE.

La Perfection du Chant.

Division de la troisiéme Partie. 105

DE L'OUVRAGE
CHAPITRE I.
Comment est-ce que les personnes qui ont l'oreille paresseuse & même fausse, pourront parvenir à chanter avec une grande justesse d'intonation. 106

CHAPITRE II.
Quelle doit être la liaison des Sons en général. 109

CHAPITRE III.
Circonstances où l'on doit faire usage des Sons à caractere. 110

CHAPITRE IV.
Nombre des Agrémens & leur Nature. 112

CHAPITRE V.
Génération des Agrémens. 121

CHAPITRE VI.
Régle générale pour tous le Agrémens. 136

CHAPITRE VII.
Avantage des Agrémens bien exécutés. 136

CHAPITRE VIII.
Qu'il seroit à souhaiter qu'on pût inventer des Signes pour représenter les divers Agrémens. 139

TABLE DE L'OUVRAGE.
CHAPITRE IX.
Signes des Agrémens. 143
CHAPITRE X.
De l'action propre au Chant. 153
CHAPITRE XI.
Qu'on peut réduire l'Art prinipal du Chant à celui de chanter avec une grande justesse d'intonation, de lier les Sons les uns aux autres, de faire usage des Sons à caractère, de bien exécuter les Agrémens, & de plier son action au Chant. 155
CHAPITRE XII. & dernier.
Idée de la perfection du Chant : Application de la Théorie à la Pratique. 158

Fin de la Table.

Pour Les Sons Majestueux

Rendés l'air interieur de maniere que sa force
croisse successivement pour chaque son; menagés
certains dégrés d'obscurité et de lenteur dans votre
prononciation et dans votre articulation.

leurs forment les vrais plésirs : Théatre &c.

Même genre du morceau précédent.

Air des Elémens

Les tems sont arrivez, cessez

tristes Cahos, Paroissez, Elemens Dieux,

allez leur prescrire le mouvement et le re-

-pos, tenez les renfermez chacun dans

Son Empi-re Coulez O = ndes Cou

lez Volez, volez rapides feux,

volez volez rapides feux,

Voile azure des airs, Embrasséz la na=

ture, Terre, Enfante des fruits couvre

toi de Ver = dure, Naissez Mor=

= tels pour obeir aux Dieux

Pour les Sons Violens.

Il faut faire Sortir avec une extrême rapidité L'air intérieur, prononcer d'une manière dure et obscure, et doubler assés fortement les Lettres.

d'Atis

Ciel quelleu vapeur m'environneu

Tous mes Sens sont troublez, Jeu frémis, jeu fris:

—sonneu; Jeu tremble et tout a coup une Infer

nalle ardeur Vient enflamer mon Sang, et dévo

rermion cœur Dieux! queu vois-jeu, leu Ciel S'armeu

contre la terre, Quel désordre, quel bruit!

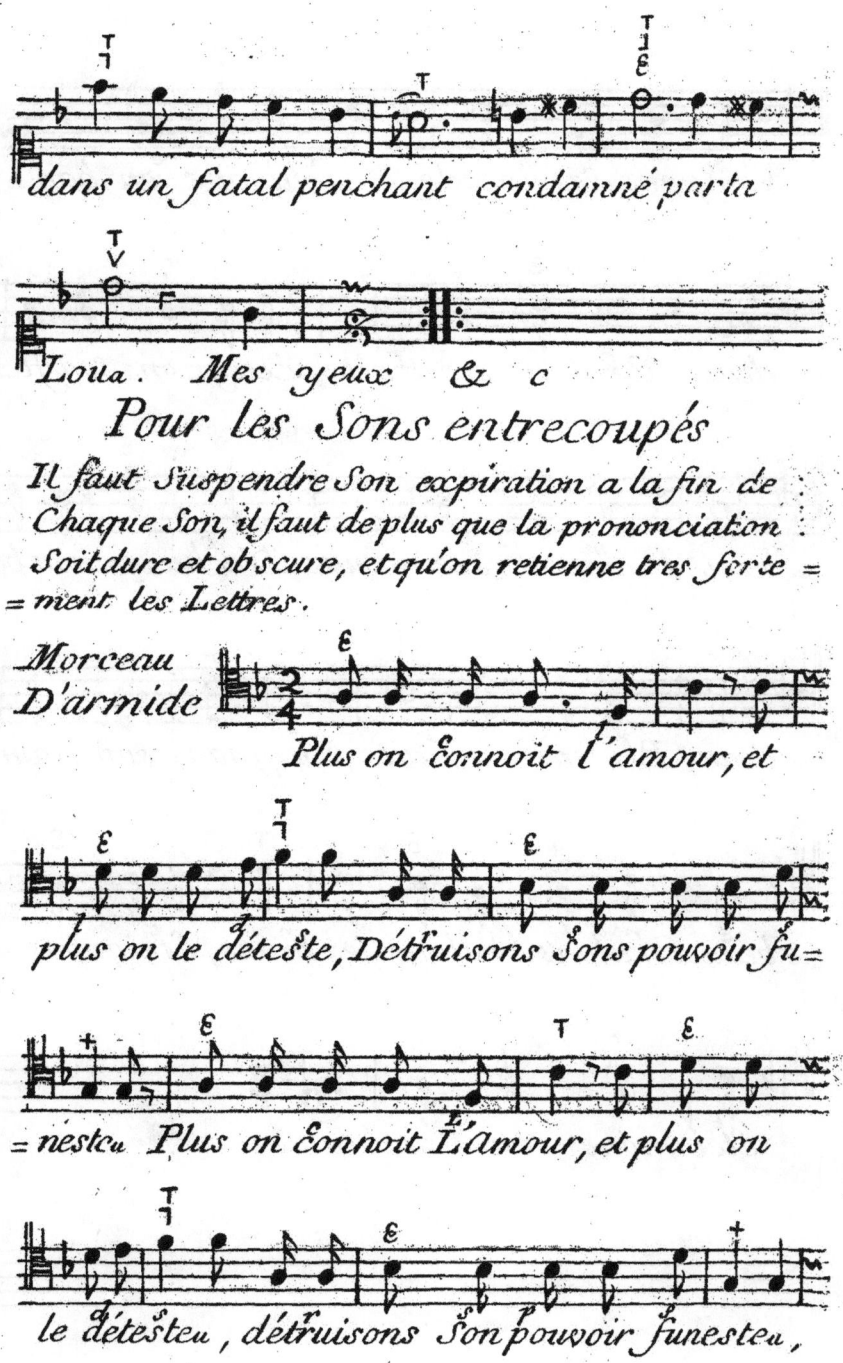

dans un fatal penchant condamné par ta

Loüa. Mes yeux &c

Pour les Sons entrecoupés

Il faut suspendre Son expiration a la fin de Chaque Son, il faut de plus que la prononciation soit dure et obscure, et qu'on retienne tres forte= =ment les Lettres.

Morceau D'armide

Plus on Connoit l'amour, et plus on le déteste, Détruisons Sons pouvoir fu= =neste. Plus on Connoit L'amour, et plus on le déteste, détruisons Son pouvoir funeste,

Pour les Sons Tendres

Ayez Soin d'insister sur les Sons, de faire sortir
L'air des poumons en petit volume, de répendre bien
de la douceur et de la clarté dans votre prononciation, et
de doubler mollement les lettres.

Air des Festes Grecques et Romaines — Dans ces jardins char=
=mans flore En chaine Zéphire, Quel ai=
=ma-ble Sejour pour un cœur qui Soupi=

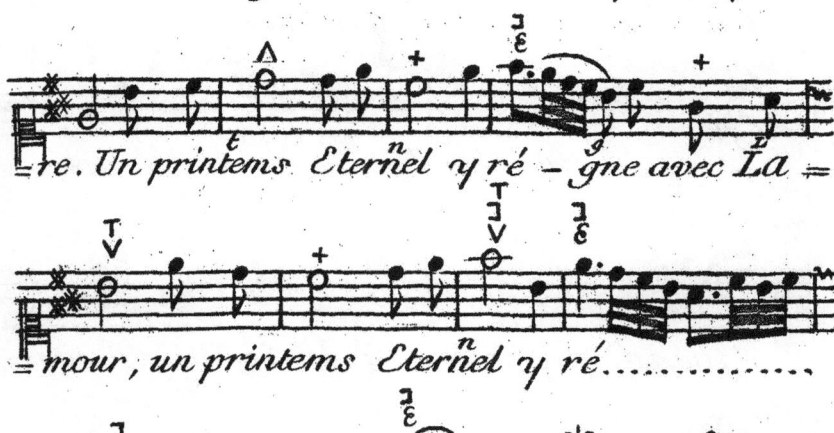

=re. Un printems Eternel y ré-gne avec La=
=mour, un printems Eternel y ré..............

..............gne avec l'amour   fin.

Cœur, Ce n'est point le hazard C'est un soin plus flateur qui l'attire Sur ce riva_ _ge. Ah! Si j'ose en croire mon cœur, Ce n'est point le hazard, C'est un Soin plus flateur qui l'attire Sur ce ri_ _va _ _ _ _ _ge. Mer paisible &c.

Pour les Sons Légers.

Il faut chasser L'air interieur en petit volume, expirer peu de temps pour les divers Sons, et préparer tres foiblement les lettres.

Ariette des Talens liriques.

L'Objet qui ré............gneu dans mon a==meu, Des mortels Et des Dieux doit êtreu leu Vainqueur. Chaquinstant il m'en fla====meu D'uneu nouvelle ardeur, Il m'en fla==meu, il m'enfla............

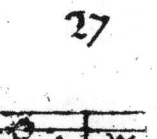

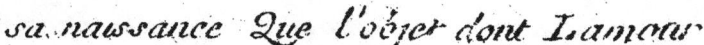

sa naissance Que l'objet dont L'amour

flate mon espéran....ce Du plus &

Chassés l'air interieur en petit volume,
manieres un peu vos sons, et la
Prononciation claire.

Air
de Titon et
L'aurore

Du Dieu des Cœurs on a-

dore, l'Empire, lui Seul avec des fleurs en

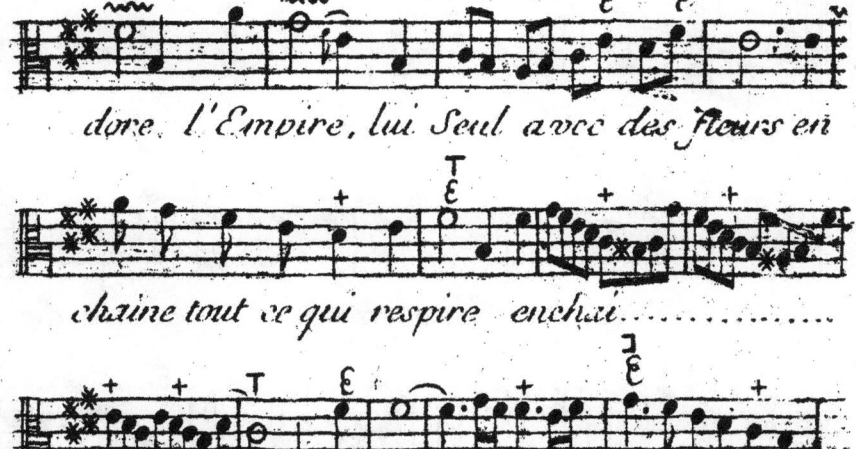

chaine tout ce qui respire enchai.............

.....ne, Enchai.............

Music and Books published by Travis & Emery Music Bookshop:
Anon.: Hymnarium Sarisburiense, cum Rubricis et Notis Musicis.
Agricola, Johann Friedrich from Tosi: Anleitung zur Singkunst.
Bach, C.P.E.: edited W. Emery: Nekrolog or Obituary Notice of J.S. Bach.
Bateson, Naomi Judith: Alcock of Salisbury
Bathe, William: A Briefe Introduction to the Skill of Song
Bax, Arnold: Symphony #5, Arranged for Piano Four Hands by Walter Emery
Burney, Charles: The Present State of Music in France and Italy
Burney, Charles: The Present State of Music in Germany, The Netherlands …
Burney, Charles: An Account of the Musical Performances … Handel
Burney, Karl: Nachricht von Georg Friedrich Handel's Lebensumstanden.
Burns, Robert: The Caledonian Musical Museum ..The Best Scotch Songs. (1810)
Cobbett, W.W.: Cobbett's Cyclopedic Survey of Chamber Music. (2 vols.)
Corrette, Michel: Le Maitre de Clavecin
Crimp, Bryan: Dear Mr. Rosenthal … Dear Mr. Gaisberg …
Crimp, Bryan: Solo: The Biography of Solomon
d'Indy, Vincent: Beethoven: Biographie Critique
d'Indy, Vincent: Beethoven: A Critical Biography
d'Indy, Vincent: César Franck (in French)
Fischhof, Joseph: Versuch einer Geschichte des Clavierbaues. (Faksimile 1853).
Frescobaldi, Girolamo: D'Arie Musicali per Cantarsi. Primo & Secondo Libro.
Geminiani, Francesco: The Art of Playing the Violin.
Handel; Purcell; Boyce; Geene et al: Calliope or English Harmony: Volume First.
Häuser: Musikalisches Lexikon. 2 vols in one.
Hawkins, John: A General History of the Science and Practice of Music (5 vols.)
Herbert-Caesari, Edgar: The Science and Sensations of Vocal Tone
Herbert-Caesari, Edgar: Vocal Truth
Hopkins and Rimboult: The Organ. Its History and Construction.
Hunt, John: - see separate list of discographies at the end of these titles
Isaacs, Lewis: Hänsel and Gretel. A Guide to Humperdinck's Opera.
Isaacs, Lewis: Königskinder (Royal Children) A Guide to Humperdinck's Opera.
Kastner: Manuel Général de Musique Militaire
Lacassagne, M. l'Abbé Joseph : Traité Général des élémens du Chant.
Lascelles (née Catley), Anne: The Life of Miss Anne Catley.
Mainwaring, John: Memoirs of the Life of the Late George Frederic Handel
Malcolm, Alexander: A Treaty of Music: Speculative, Practical and Historical
Marx, Adolph Bernhard: Die Kunst des Gesanges, Theoretisch-Practisch
May, Florence: The Life of Brahms
May, Florence: The Girlhood Of Clara Schumann: Clara Wieck And Her Time.
Mellers, Wilfrid: Angels of the Night: Popular Female Singers of Our Time
Mellers, Wilfrid: Bach and the Dance of God
Mellers, Wilfrid: Beethoven and the Voice of God
Mellers, Wilfrid: Caliban Reborn - Renewal in Twentieth Century Music

Music and Books published by Travis & Emery Music Bookshop:

Mellers, Wilfrid: Darker Shade of Pale, A Backdrop to Bob Dylan
Mellers, Wilfrid: François Couperin and the French Classical Tradition
Mellers, Wilfrid: Harmonious Meeting
Mellers, Wilfrid: Le Jardin Retrouvé, The Music of Frederic Mompou
Mellers, Wilfrid: Music and Society, England and the European Tradition
Mellers, Wilfrid: Music in a New Found Land: … … American Music
Mellers, Wilfrid: Romanticism and the Twentieth Century (from 1800)
Mellers, Wilfrid: The Masks of Orpheus: …… the Story of European Music.
Mellers, Wilfrid: The Sonata Principle (from c. 1750)
Mellers, Wilfrid: Vaughan Williams and the Vision of Albion
Panchianio, Cattuffio: Rutzvanscad Il Giovine
Pearce, Charles: Sims Reeves, Fifty Years of Music in England.
Playford, John: An Introduction to the Skill of Musick.
Purcell, Henry et al: Harmonia Sacra … The First Book, (1726)
Purcell, Henry et al: Harmonia Sacra … Book II (1726)
Quantz, Johann: Versuch einer Anweisung die Flöte trave rsiere zu spielen.
Rameau, Jean-Philippe: Code de Musique Pratique, ou Methodes.
Rastall, Richard: The Notation of Western Music.
Rimbault, Edward: The Pianoforte, Its Origins, Progress, and Construction.
Rousseau, Jean Jacques: Dictionnaire de Musique
Rubinstein, Anton : Guide to the proper use of the Pianoforte Pedals.
Sainsbury, John S.: Dictionary of Musicians. (1825). 2 vols.
Serré de Rieux, Jean de : Les dons des Enfans de Latone
Simpson, Christopher: A Compendium of Practical Musick in Five Parts
Spohr, Louis: Autobiography
Spohr, Louis: Grand Violin School
Tans'ur, William: A New Musical Grammar; or The Harmonical Spectator
Terry, Charles Sanford: Bach's Chorals – Parts 1, 2 and 3.
Terry, Charles Sanford: John Christian Bach
Terry, Charles Sanford: J.S. Bach's Original Hymn-Tunes for Congregational Use.
Terry, Charles Sanford: Four-Part Chorals of J.S. Bach. (German & English)
Terry, Charles Sanford: Joh. Seb. Bach, Cantata Texts, Sacred and Secular.
Terry, Charles Sanford: The Origins of the Family of Bach Musicians.
Tosi, Pierfrancesco: Opinioni de' Cantori Antichi, e Moderni
Tosi, Pierfrancesco: Observations on the Florid Song.
Van der Straeten, Edmund: History of the Violoncello, The Viol da Gamba …
Van der Straeten, Edmund: History of the Violin, Its Ancestors… (2 vols.)
Walther, J. G. [Waltern]: Musicalisches Lexikon [Musikalisches Lexicon]
Zwirn, Gerald: Stranded Stories From The Operas

Travis & Emery Music Bookshop
17 Cecil Court, London, WC2N 4EZ, United Kingdom.
Tel. (+44) 20 7240 2129

© Travis & Emery 2010

Discographies by Travis & Emery:
Discographies by John Hunt.

1987: 978-1-906857-14-1: From Adam to Webern: the Recordings of von Karajan.
1991: 978-0-951026-83-0: 3 Italian Conductors and 7 Viennese Sopranos: 10 Discographies: Arturo Toscanini, Guido Cantelli, Carlo Maria Giulini, Elisabeth Schwarzkopf, Irmgard Seefried, Elisabeth Gruemmer, Sena Jurinac, Hilde Gueden, Lisa Della Casa, Rita Streich.
1992: 978-0-951026-85-4: Mid-Century Conductors and More Viennese Singers: 10 Discographies: Karl Boehm, Victor De Sabata, Hans Knappertsbusch, Tullio Serafin, Clemens Krauss, Anton Dermota, Leonie Rysanek, Eberhard Waechter, Maria Reining, Erich Kunz.
1993: 978-0-951026-87-8: More 20th Century Conductors: 7 Discographies: Eugen Jochum, Ferenc Fricsay, Carl Schuricht, Felix Weingartner, Josef Krips, Otto Klemperer, Erich Kleiber.
1994: 978-0-951026-88-5: Giants of the Keyboard: 6 Discographies: Wilhelm Kempff, Walter Gieseking, Edwin Fischer, Clara Haskil, Wilhelm Backhaus, Artur Schnabel.
1994: 978-0-951026-89-2: Six Wagnerian Sopranos: 6 Discographies: Frieda Leider, Kirsten Flagstad, Astrid Varnay, Martha Moedl, Birgit Nilsson, Gwyneth Jones.
1995: 978-0-952582-70-0: Musical Knights: 6 Discographies: Henry Wood, Thomas Beecham, Adrian Boult, John Barbirolli, Reginald Goodall, Malcolm Sargent.
1995: 978-0-952582-71-7: A Notable Quartet: 4 Discographies: Gundula Janowitz, Christa Ludwig, Nicolai Gedda, Dietrich Fischer-Dieskau.
1996: 978-0-952582-75-5: Leopold Stokowski (1882-1977): Discography and Concert Register
1996: 978-0-952582-76-2: Makers of the Philharmonia: 11 Discographies: Alceo Galliera, Walter Susskind, Paul Kletzki, Nicolai Malko, Issay Dobrowen, Lovro Von Matacic, Efrem Kurtz, Otto Ackermann, Anatole Fistoulari, George Weldon, Robert Irving.
1996: 978-0-952582-72-4: The Post-War German Tradition: 5 Discographies: Rudolf Kempe, Joseph Keilberth, Wolfgang Sawallisch, Rafael Kubelik, Andre Cluytens.
1996: 978-0-952582-73-1: Teachers and Pupils: 7 Discographies: Elisabeth Schwarzkopf, Maria Ivoguen, Maria Cebotari, Meta Seinemeyer, Ljuba Welitsch, Rita Streich, Erna Berger.
1996: 978-0-952582-75-5: Leopold Stokowski: Discography and Concert Listing.
1996: 978-0-952582-76-2: Makers of the Philharmonia: 11 Discographies Alceo Galliera, Walter Susskind, Paul Kletzki, Nicolai Malko, Issay Dobrowen, Lovro Von Matacic, Efrem Kurtz, Otto Ackermann, Anatole Fistoulari, George Weldon, Robert Irving.
1996: 978-0-952582-77-9: Tenors in a Lyric Tradition: 3 Discographies: Peter Anders, Walther Ludwig, Fritz Wunderlich.
1997: 978-0-952582-78-6: The Lyric Baritone: 5 Discographies: Hans Reinmar, Gerhard Huesch, Josef Metternich, Hermann Uhde, Eberhard Waechter.
1997: 978-0-952582-79-3: Hungarians in Exile: 3 Discographies: Fritz Reiner, Antal Dorati, George Szell.
1997: 978-1-901395-00-6: The Art of the Diva: 3 Discographies: Claudia Muzio, Maria Callas, Magda Olivero.
1997: 978-1-901395-01-3: Metropolitan Sopranos: 4 Discographies: Rosa Ponselle, Eleanor Steber, Zinka Milanov, Leontyne Price.
1997: 978-1-901395-02-0: Back From The Shadows: 4 Discographies: Willem Mengelberg, Dimitri Mitropoulos, Hermann Abendroth, Eduard Van Beinum.
1997: 978-1-901395-03-7: More Musical Knights: 4 Discographies: Hamilton Harty, Charles Mackerras, Simon Rattle, John Pritchard.
1998: 978-1-901395-95-2: More Giants of the Keyboard: 5 Discographies: Claudio Arrau, Gyorgy Cziffra, Vladimir Horowitz, Dinu Lipatti, Artur Rubinstein.

1998: 978-1-901395-94-5: Conductors On The Yellow Label: 8 Discographies: Fritz Lehmann, Ferdinand Leitner, Ferenc Fricsay, Eugen Jochum, Leopold Ludwig, Artur Rother, Franz Konwitschny, Igor Markevitch.
1998: 978-1-901395-96-9: Mezzo and Contraltos: 5 Discographies: Janet Baker, Margarete Klose, Kathleen Ferrier, Giulietta Simionato, Elisabeth Hoengen.
1999: 978-1-901395-97-6: The Furtwaengler Sound Sixth Edition: Discography and Concert Listing.
1999: 978-1-901395-98-3: The Great Dictators: 3 Discographies: Evgeny Mravinsky, Artur Rodzinski, Sergiu Celibidache.
1999: 978-1-901395-99-0: Sviatoslav Richter: Pianist of the Century: Discography.
2000: 978-1-901395-04-4: Philharmonic Autocrat 1: Discography of: Herbert Von Karajan [Third Edition].
2000: 978-1-901395-05-1: Wiener Philharmoniker 1 - Vienna Philharmonic and Vienna State Opera Orchestras: Discography Part 1 1905-1954.
2000: 978-1-901395-06-8: Wiener Philharmoniker 2 - Vienna Philharmonic and Vienna State Opera Orchestras: Discography Part 2 1954-1989.
2001: 978-1-901395-07-5: Gramophone Stalwarts: 3 Separate Discographies: Bruno Walter, Erich Leinsdorf, Georg Solti.
2001: 978-1-901395-08-2: Singers of the Third Reich: 5 Discographies: Helge Roswaenge, Tiana Lemnitz, Franz Voelker, Maria Mueller, Max Lorenz.
2001: 978-1-901395-09-9: Philharmonic Autocrat 2: Concert Register of Herbert Von Karajan Second Edition.
2002: 978-1-901395-10-5: Sächsische Staatskapelle Dresden: Complete Discography.
2002: 978-1-901395-11-2: Carlo Maria Giulini: Discography and Concert Register.
2002: 978-1-901395-12-9: Pianists For The Connoisseur: 6 Discographies: Arturo Benedetti Michelangeli, Alfred Cortot, Alexis Weissenberg, Clifford Curzon, Solomon, Elly Ney.
2003: 978-1-901395-14-3: Singers on the Yellow Label: 7 Discographies: Maria Stader, Elfriede Troetschel, Annelies Kupper, Wolfgang Windgassen, Ernst Haefliger, Josef Greindl, Kim Borg.
2003: 978-1-901395-15-0: A Gallic Trio: 3 Discographies: Charles Muench, Paul Paray, Pierre Monteux.
2004: 978-1-901395-16-7: Antal Dorati 1906-1988: Discography and Concert Register.
2004: 978-1-901395-17-4: Columbia 33CX Label Discography.
2004: 978-1-901395-18-1: Great Violinists: 3 Discographies: David Oistrakh, Wolfgang Schneiderhan, Arthur Grumiaux.
2006: 978-1-901395-19-8: Leopold Stokowski: Second Edition of the Discography.
2006: 978-1-901395-20-4: Wagner Im Festspielhaus: Discography of the Bayreuth Festival.
2006: 978-1-901395-21-1: Her Master's Voice: Concert Register and Discography of Dame Elisabeth Schwarzkopf [Third Edition].
2007: 978-1-901395-22-8: Hans Knappertsbusch: Kna: Concert Register and Discography of Hans Knappertsbusch, 1888-1965. Second Edition.
2008: 978-1-901395-23-5: Philips Minigroove: Second Extended Version of the European Discography.
2009: 978-1-901395-24-2: American Classics: The Discographies of Leonard Bernstein and Eugene Ormandy.
2010: 978-1-901395-25-9: Dirigenten der DDR: Conductors of the German Democratic Republic

Discography by Stephen J. Pettitt, edited by John Hunt:
1987: 978-1-906857-16-5: Philharmonia Orchestra: Complete Discography 1945-1987

Available from: Travis & Emery at 17 Cecil Court, London, UK.
(+44) 20 7 240 2129. email on sales@travis-and-emery.com .

© Travis & Emery 2010

www.ingramcontent.com/pod-product-compliance
Lightning Source LLC
Chambersburg PA
CBHW070638050426
42451CB00008B/216